LA FELICIDAD ES EL CAMINO

CÓMO ALINEAR TUS PENSAMIENTOS Y TU TRABAJO PARA VIVIR LA VIDA DE TUS SUEÑOS

Título: La felicidad es el camino
Subtítulo: Cómo alinear tus pensamientos y tu trabajo para vivir la vida de tus sueños
Autor: Wayne W. Dyer

Primera edición en España: septiembre de 2019

© para la edición en España, El Grano de Mostaza Ediciones

Impreso en España
Depósito Legal: B 21.792-2019
ISBN: 978-84-1207243-3

El Grano de Mostaza Ediciones, S.L.
Carrer de Balmes 394, principal primera
08022 Barcelona, Spain
www.elgranodemostaza.com

LA FELICIDAD ES EL CAMINO

CÓMO ALINEAR TUS PENSAMIENTOS Y TU TRABAJO PARA VIVIR LA VIDA DE TUS SUEÑOS

DOCTOR WAYNE W. DYER

CONTENIDOS

PRÓLOGO

Hablé con Wayne Dyer casi cada día durante más de veinticinco años. Era uno de mis mejores amigos, y mi objetivo personal es mantener vivo su trabajo mientras pueda. Wayne está siempre conmigo, aunque salió del plano físico el 30 de agosto de 2015. Escribiendo este prólogo con bolígrafo y papel, tal como él escribía la mayoría de sus libros, siento su presencia como un cosquilleo en el cuerpo que me pone la piel de gallina. *La felicidad es el camino* se creó a partir de los programas grabados en audio de Nightingale-Conant, que a muchos de nosotros nos encantó escuchar a lo largo de los años, y por los que me metí en un montón de problemas la primera vez que conocí a Wayne.

Hay House presentaba un seminario llamado "Visión de futuro" en el que entonces era el Teatro Paramount, en el Madison Square Garden de Nueva York. Agotamos las entradas e iban a acudir al evento unas 6.000 personas. Los oradores eran Wayne Dyer, Louise Hay y algunos otros profesores. Wayne estaba muy animado porque había soñado con hablar en el Madison Square Garden desde los días en que enseñaba en la St. John's University.

Wayne trajo consigo a su esposa Marcie para poder celebrar el acontecimiento. Dio una charla asombrosa, como de costumbre. A continuación, todo el mundo se apresuró a ir al mostrador esperando comprar una copia de su libro y que él la firmara, pero lo único que teníamos eran las cintas de audio Nightingale-Conant. Hacía varios años que Wayne no escribía un libro, y todos sus libros anteriores ya estaban publicados en edición de bolsillo, y se vendían por seis o siete dólares. Para Hay House, que todavía no era su editor, no tenía sentido comprarlos y revenderlos. De modo que decidimos llevar únicamente los juegos de cintas, que costaban cincuenta dólares.

Esto no pareció gustar a los asistentes a la conferencia, de modo que salieron a los kioscos y librerías situados alrededor del Madison Square Garden, compraron sus libros, y se los llevaron a Wayne para que los firmara. También le contaron a Wayne todo lo que habían tenido que hacer para conseguirlos.

Después del seminario, yo iba subiendo por las escaleras del hotel donde nos hospedábamos cuando me crucé con Wayne y Marcie, que salían a cenar e iban en la dirección opuesta. Justo en ese momento le oí decir: "Solo quiero saber quién leches es ese Reid Tracy de Hay House. Me han dicho que él fue quien decidió no traer ninguno de mis libros a esta conferencia. Soy un autor y necesito que mis libros estén disponibles cuando doy una charla".

Por supuesto, no detuve a Wayne para decirle que yo era Reid. Por suerte, superamos este incidente y continuamos publicando muchos de los libros de Wayne en Hay House. Después de aquel día en Nueva York, organizamos cientos de eventos para Wayne en todo el mundo, y sus libros estuvieron disponibles en todos ellos.

Este no es el comienzo habitual de una larga relación, pero Wayne mostró una actitud típica suya: siempre estaba dispuesto a dar a los demás una segunda oportunidad.

A medida que Wayne y yo nos hicimos amigos, empezamos a hablar casi a diario por teléfono, o cuando nos juntábamos en alguno de los eventos de Hay House. Si yo estaba de vacaciones con mi familia, o era fin de semana, y sonaba el teléfono, mi esposa, Kristina, solía decir: "Probablemente sea Wayne. Ve a hablar con él".

Más adelante, Kristina y Wayne escribieron una serie de libros infantiles basados en su trabajo, que incluyeron el éxito de ventas del New York Times *Incredible You!*

Mientras leo *La felicidad es el camino* casi puedo oír a Wayne pronunciando cada palabra, lo que me recuerda que era un gran contador de historias. Cuánto echo de menos hablar con él cada día.

Espero que disfrutes de esta sabiduría intemporal de Wayne tanto como yo.

—Reid Tracy

INTRODUCCIÓN

Cuando cambias tu manera de mirar las cosas, las cosas a las que miras cambian. Esto es algo que Wayne Dyer solía decir con frecuencia, y nos ha inspirado mientras trabajábamos en este libro. El material que contiene está tomado de discursos y presentaciones que ofreció a numerosas y variadas audiencias a lo largo de muchos años. Sin embargo, es sorprendente que una y otra vez vuelve a los mismos temas. Estos son los temas que han quedado incorporados a las páginas de este libro.

La primera parte detalla el impacto de nuestras actitudes, elecciones y expectativas, lo que nos lleva a una mayor sensación de empoderamiento cuando entendemos que podemos aprender a "responder con habilidad" a todos los aspectos de nuestra vida. La segunda parte examina detenidamente el concepto de éxito, mostrándonos que nuestra idea occidental con respecto al éxito está al revés, y que probablemente tienes mucho más éxito de lo que crees, independientemente de las dificultades que estés afrontando. La tercera parte explora la importancia de tener una misión personal, e incluye preguntas específicas para ayudarte a recorrer el camino hacia la vida de tus sueños.

Mientras lees, te recomendamos que tengas un diario cerca para ir anotando ideas, y poder volver a ellas más adelante. Cada capítulo también te propone un ejercicio en el que emplearás el diario para ayudarte a absorber los mensajes del libro. De esta manera, te quedarás con lo que Wayne llamaba "una nueva aproximación a estar creativamente vivo, sano y feliz".

A Wayne le encantaba hablar con la gente: tanto si se trataba de su equipo, aquí en Hay House, como de miembros de las multitudes que acudían a sus charlas, o de individuos con los que se encontraba mientras paseaba por la playa cerca de su casa en Maui. Él siempre era igual: auténtico, sabio, divertido y amoroso. Tenía un modo de entender los conceptos, tanto profundos como mundanos, y de transmitirlos con un sentido común que llegaba mucho a las personas con las que conversaba. Pero él también ganaba mucho de estas interacciones, y solía decir: "Cada persona con la que me encuentro es nueva". Creía que los demás tenían tanto que enseñarle como él a ellos, y sentía que cada persona contenía dentro de sí la semilla de la grandeza.

Como Wayne te mostrará, no existe una poción mágica para conseguir lo que deseas en la vida. Todo lo que podrías querer o necesitar ya se encuentra dentro de ti: solo tienes que aprender a reencuadrar tu pensamiento. Cualesquiera que sean tus circunstancias presentes, tienes la capacidad de superarlas. Como solía decir: "La felicidad no es una estación en el camino de la vida, un lugar al que llegar. Es, más bien, una manera de viajar. Es esa manera de recorrer el camino en la que te encuentras dando cada paso con amor". Cambiar tu manera de mirar las cosas te ayudará a recorrer este camino, llevándote en último término a la iluminación.

Echamos mucho de menos a Wayne, pero estamos muy contentos de que sus palabras nos reconforten, inspiren y diviertan. Esperamos que este libro te ayude a compartir estas experiencias con nosotros.

—El equipo editorial de Hay House

PRIMERA PARTE

RESPONDE CON HABILIDAD

El truco está en aquello que uno resalta.
O bien nos hacemos a nosotros mismos desdichados,
o bien nos hacemos felices.
La cantidad de trabajo es la misma.

—Carlos Castaneda

CAPÍTULO 1

LA ACTITUD
LO ES TODO

He dedicado buena parte de mi vida a estudiar la conducta humana. Tanto si estaba investigando para un doctorado, como trabajando de profesor o consultor, o escribiendo libros, parecía volver a este tema una y otra vez. Así, he ido descubriendo una gran cantidad de material, escrito a lo largo de los siglos, sobre la felicidad y la búsqueda de ella que hacemos los humanos. Muchas personas se han pasado la vida buscándola, pensando que es posible hallarla en algo o alguien. Este es un error fundamental, porque la felicidad es algo que *somos,* y procede de nuestra manera de pensar.

La felicidad es un concepto interno. Es decir, puedes tenerla si *decides* tenerla. Si la tienes dentro de ti, llevas tu felicidad a todo lo que haces: la llevas a tu trabajo, la llevas a tus relaciones. Pase lo que pase, simplemente la tienes; no tienes que *intentar* conseguirla.

He descubierto que la gente suele confundirse con respecto a este tema. Tienden a poner la responsabilidad de cómo se sienten o de lo que experimentan en algo externo a sí mismos. Dicen: "*Tú* hieres mis sentimientos. *Tú* estás haciendo que me sienta mal. *Tú* me estás avergonzando. *Tú* hoy me has hecho infeliz". O tal vez digan: "Lo que me inquieta es toda la discordia del mundo"; "Quien me disgusta es quienquiera que esté hoy en el gobierno";

"Me deprime el mercado de valores". Pero ninguna de estas cosas son posibles en nuestro planeta: en realidad, nada puede *hacer* que alguien se sienta disgustado, deprimido o infeliz.

Si quieres ser un ser humano verdaderamente feliz, lo primero que tienes que hacer es absorber esta noción: *Todo lo que experimentas en tu vida es el resultado de cómo percibes cualquier cosa que haya ahí fuera, en el mundo*. En otras palabras, tienes que responsabilizarte de todos los aspectos de tu vida.

Para mí, la palabra *responsabilidad* significa "responder con habilidad". No significa responder con discapacidad, pues entonces la palabra sería *respondiscapacidad*. No, la palabra es responsabilidad: *tengo la habilidad de responder. Puedo responder con habilidad*. Significa responsabilizarte de todo lo que ocurre en tu vida, y esto es lo que he pasado muchos años de *mi* vida tratando de enseñar.

Una naranja y una vela

Piensa por un momento en una naranja. Cuando la aprietas todo lo posible, ¿qué sale? Zumo de naranja, por supuesto. Pero, la pregunta es: ¿por qué sale zumo cuando exprimes una naranja? Y la respuesta es: *porque eso es lo que hay dentro*.

Ahora bien, ¿importa quién exprima la naranja? ¿Importa cómo lo hagas, qué instrumento uses o en qué momento del día lo hagas? No. Cuando exprimes una naranja, lo que siempre sale fuera es lo que está adentro. Asimismo, cuando exprimes a una persona —es decir, cuando le aplicas cualquier tipo de presión— y el enfado, el odio, la tensión y la depresión emergen, lo que sale no se debe a quien está aplicando esa presión, ni a cuándo la aplica ni a cómo elige hacerlo. La razón por la que sale eso es que eso es lo que hay dentro de la persona. Si no lo tienes dentro, nunca podría salir afuera, cualesquiera que fueran las circunstancias. Cuando alguien realiza un adelantamiento indebido en la autopista y te obliga a frenar, puede que esto te enfade mucho, pero no estás disgustado porque te han adelantado indebidamente, sino porque eso es lo que llevas dentro de ti. Y cuando dejas de llevar eso dentro de ti, nada de lo que otra persona o personas puedan hacer te molestará. Me encanta esta cita atribuida a Eleanor Roosevelt: "Nadie puede hacer que te sientas inferior sin tu consentimiento". En otras palabras, nadie puede deprimirte. Nadie puede causarte ansiedad. Nadie puede herir tus sentimientos. Nadie puede hacerte nada aparte de lo que tú le permitas internamente.

Quienquiera que seas, tienes voz con respecto a todo lo que está ocurriendo. Tú lo estás creando. Si no te llevas bien con alguien del trabajo, si tienes dificultades en tus relaciones y te sientes víctima, si tus hijos no te respetan, mírate primero a ti mismo y pregúntate: "¿Qué me pasa y qué puedo cambiar para ayudarme a no sentirme víctima?" No recurras al habitual: "¿Cómo puedo conseguir que *ellos* cambien? ¿Cómo puedo hacer que el *mundo* sea diferente?" Cualquier cosa que odies, o que te moleste, o que te enfade, en realidad es tu propio odio, tu propia molestia y tu propio enfado. Eso es tuyo: tú eres su dueño. No es de nadie más. Todo eso es solo tuyo.

Cuando culpas a otra persona por resultar molesta en tu vida, lo que realmente estás diciendo es: "Si fueras más como yo, no me sentiría tan molesto". No obstante, a medida que avanzas por el camino de la iluminación ocurre algo interesante: cuando te encuentras con personas que se comportan contigo de maneras que antes considerabas molestas, empiezas a considerar que ese es su problema. Ya no te apropias de él. Ahora respondes con habilidad ante quienes se comportan de maneras que no te agradan. Aprendes a decirte a ti mismo: "Ellos son quienes son y ahora mismo están comportándose de la única manera que saben. De modo que voy a hacer esto: voy a responderles con lo que yo soy. Y lo que soy es amor, bondad y aceptación. Si esto es lo que soy, entonces puedo lidiar eficazmente con el comportamiento de cualquier otra persona, o bien puedo ignorarlo. En cualquier caso, no me apropio de él; esa otra persona lo hace".

Esto no tiene nada que ver con si tienes problemas o no. Tiene que ver con tu *actitud* hacia los problemas.

Mi evolución personal me ha llevado al punto de entender que cada uno de nosotros debe asumir total responsabilidad por nuestro propio desarrollo interno. Y nuestro desarrollo interno es algo que en gran medida solemos ignorar en nuestro recorrido vital.

Imagina una vela encendida: si tuvieras que caminar con ella al aire libre, el viento apagaría rápidamente la llama. Asimismo, en la vida vas a encontrarte con todo tipo de fuerzas externas, y puede darte la sensación de que tu vela interna —que simboliza quién eres como ser humano— estuviera apagándose continuamente.

Pero, de hecho, puedes conseguir que tu llama interna ni siquiera tiemble. Fuera de ti pueden ocurrir y ocurrirán una gran cantidad de cosas que no controlas: las tormentas de la vida, que pueden tomar la forma de enfermedades o accidentes, o de cualquier otro suceso imprevisto, pueden golpear en cualquier momento.

Sin embargo, la llama de tu vela interna es únicamente tuya. Siempre puedes procesar el mundo de un modo que te sirva, en lugar de un modo que te deje alienado o que te destruya. Y tal vez, el lugar más elevado al que puedes acceder en la vida es la comprensión de que tu propio desarrollo interno, simbolizado por la llama de esa vela, puede mantenerse fuerte y brillante independientemente de lo que esté pasando fuera. Una vez más, vuelve a la noción de propiedad: es fortalecedor darse cuenta de que cualquier cosa que esté ocurriendo dentro de ti depende completamente de ti. Es toda tuya.

La persona sin límites

En el curso de pensar y escribir tanto sobre los conceptos de responsabilidad y felicidad, he descubierto que en el mundo hay tres tipos diferentes de personas: el primer tipo parece ir por la vida con actitud derrotista, lleno de dolor, estrés y tensión. El segundo tipo no está lleno de dolor y de estrés, pero tampoco opera al máximo nivel posible. Y después está el tercer tipo, el tipo de personas de las que en mi opinión necesitamos más y a las que denomino "personas sin límites". Como el nombre sugiere, se trata de personas que no ponen límites a sus capacidades vitales y que se enfocan en hacer de sus vidas las mejores vidas posibles.

Muchas de las personas que me han precedido en los campos de la psicología y la autorrealización han escrito desde la perspectiva de: "Sí, hay unos pocos elegidos y ciertamente son únicos y especiales". Yo no creo que esto sea verdad; creo que todos nosotros podemos vivir sin límites. Tengo la firme creencia de que cualquiera puede alcanzar las cotas más altas de la humanidad y funcionar desde estos niveles iluminados.

Cuando trabajaba de consultor y terapeuta en Nueva York, y la gente venía a mi consulta buscando respuestas a los problemas de su vida, siempre se me ocurría lo mismo mientras estaba sentado allí para hablar con cada uno de ellos. Fueran lo que fueran —abogados, amas de casa o taxistas— yo no establecía ninguna diferencia. La respuesta era muy simple. Solían decirme: "¡Venga ya, haces que suene muy fácil! ¿Por qué haces eso? ¡No es fácil!" Pero sí es fácil. Y hasta el día de hoy, sigo sintiéndome confundido cuando alguien quiere convertir el sentirse sano, feliz, íntegro y vivo en algo complicado y difícil.

En una ocasión, después de haber ofrecido una presentación, una mujer se acercó y me dijo:

—Muy bien. Te he escuchado hablar durante hora y media y me he sentido inspirada. Pero, dime la verdad: ¿Nunca estás deprimido?

—Por supuesto que no —respondí.

—Oh, eso es deprimente —dijo ella—. Esperaba que dijeras que te deprimes.

Ahora bien, en ciertos programas de radio o televisión suele ser habitual oír al típico psicólogo popular diciendo cosas como: "Estar deprimido es natural. Sentirse nervioso es normal. Ser infeliz es humano". Por más que esta mujer quisiera que yo dijera algo similar, no creo que sea natural, normal ni humano mantener estos estados de ánimo. Creo que esto solo es una actitud *derrotista*. Se nos ha enseñado a creer que, cuando se dan ciertas circunstancias en la vida, hemos de reaccionar con pasividad, depresión, sintiéndonos atascados, pero eso no es verdad.

Un presentador de televisión, cuyo programa solía visitar, me dijo una vez:

—Sé que eres muy positivo, pero no todo el mundo es como tú. No todo el mundo tiene las oportunidades que tú has tenido ni tu inteligencia. Hay personas que salen ahí fuera y esperan al autobús bajo la lluvia, y el autobús no llega. Entonces pasa un coche que pisa un charco y les salpica, ¿esperas que se sientan positivos en momentos así?

—Bueno —dije yo—, creo que la diferencia entre ser una persona derrotista y una persona sin límites no reside tanto en si tienes problemas o no. Cada ser humano en este planeta tiene problemas que afrontar cada día de su vida. Todos tenemos que esperar a que alguien nos recoja en un día lluvioso. Todos tenemos que lidiar con la inflación. Todos tenemos que afrontar el envejecimiento, las enfermedades, las decepciones causadas por nuestros hijos... Todos tenemos problemas.

»Pero la persona sin límites tiene una actitud diferente hacia sus problemas. Reconoce el potencial de crecimiento en cada situación y no se aproxima al problema como si la situación tuviera que ser diferente. En otras palabras, no sale en medio de la lluvia y dice: "No debería estar lloviendo. ¿Cómo es que está lloviendo? Se supone que no debería llover. Es marzo, y me prometieron que no llovería en marzo. No es justo. ¡El último mes de marzo no llovió!" Así es como suelen hablar las personas derrotistas.

Si preguntas a una persona sin límites cuánto son dos por dos, te dirá: "Cuatro". Pero si planteas la misma pregunta a la persona derrotista, te dirá: "Dos por dos son cuatro, pero no puedo soportarlo. ¿Por qué tienen que ser siempre cuatro? Es tan aburrido. ¡Dios mío!, siempre da cuatro y me cansa mucho que sea así. ¿Por qué no podría ser cinco de vez en cuando?"

¿Ves la diferencia? Quiero decir que, no se trata tanto de que estas personas estén desconectadas. Si preguntas a un psicótico cuánto es dos por dos, es posible que te diga: "Treinta y siete", o "diecinueve" o lo que le venga a la cabeza en ese momento. Estas personas no son derrotistas; más bien, necesitan ser protegidas.

Veamos otro ejemplo: el retraso de un avión en el aeropuerto. La persona derrotista sabe que ha de sentirse molesta porque suele hacer un seguimiento de estas cosas: "¡Oh, Señor, esta aerolínea! Ya es la quinta vez que se han retrasado este mes". De esta manera puede estar cinco veces más enfadada que si no recordara el número de retrasos. Mientras que la persona sin límites lee un libro, conoce a nuevos amigos, observa el aterrizaje de los aviones o sale a dar una vuelta. Hace cualquier cosa menos quedarse sentada y quejarse de cómo es el mundo.

Crecí en Detroit. Conduje desde el lado este de la ciudad hasta la Universidad Wayne State cada día durante siete u ocho años, en ocasiones dos o tres veces al día. Y cuando me encontraba con un atasco, me volvía loco. El tráfico se detenía, como solía hacer, y en lugar de emplear ese tiempo creativamente, lo usaba para volverme loco: "Ya estamos otra vez. ¡Sabía que esto iba a ocurrir!" Entre tanto, el tráfico seguía detenido y acumulándose. Al tráfico no le importa. Tanto si te sientes molesto como si no, el tráfico estará detenido hasta que deje de estarlo. Y eso es todo. Es todo lo que se puede decir con respecto al tráfico.

Actualmente, si me veo en un atasco, tengo muchas alternativas en lugar de volverme loco. Tal vez empiece a presentarme a las personas que están allí conmigo, en la autopista. O puedo empezar a escribir, o usar la grabadora para dictar algunas cartas o escuchar programas de audio. Puedes aprender un idioma nuevo conduciendo hasta la

Universidad Wayne State durante cuatro años. Podrías aprender francés o español simplemente consiguiendo un programa de idiomas para el viaje de ida y vuelta. Alternativamente, podrías asumir la actitud de que esto no debería estar ocurriendo, e ir a casa y gritar a tus hijos. Cuando se pregunten: "¿Qué leches le pasa a papá hoy?" La respuesta es: "El tráfico. El tráfico le está afectando". Y después puede que te vayas a tomarte tres martinis.

—¿Por qué bebe tanto?

—Es por el tráfico.

—¿Y por qué papá y mamá se van a divorciar?

—El tráfico. Es debido al tráfico, ¿sabes?

—¿Cómo es que papá tiene úlcera?

—El tráfico se la ha causado.

Y en el funeral...

—¿Cómo es que papá ha fallecido? ¡Solo tenía 43 años!

—El tráfico mató a tu padre.

La posibilidad de que se despliegue un escenario así depende completamente de ti. Y ocurre lo mismo en casi todas las áreas de la vida. Una vez más: no puedes controlar las tormentas que te amenazan desde fuera, pero siempre puedes controlar lo que está ocurriendo dentro, y mantener tu llama ardiendo con fuerza.

¿Cómo te permites ser tratado?

Aquí hay una pequeña máxima simple: *Eres tratado tal como enseñas a los demás a tratarte.* De modo que si no te gusta cómo te está tratando alguien de tu vida, examina cómo le has enseñado a tratarte.

Las personas derrotistas ven la realidad tal como es, pero no quieren aceptarla. Desean que sea diferente y se quejan de ella: "Si fueras más como yo, no tendría que estar enfadado ahora mismo contigo. Si fueras distinto de como eres, mi vida podría ser más feliz. Si los precios del crudo no hubieran subido, si el desempleo no estuviera como está, si…, si…" Miran al mundo y concluyen que deben culpar a alguien externo. Puedes verlo en el vocabulario que usan, en las palabras que salen de su boca. Dicen cosas como: "Por favor, no me molestes. No puedo, estoy teniendo un ataque de ansiedad".

Ahora bien, en el mundo no hay una entidad a la que se le conozca con el nombre de *ansiedad,* y es segurísimo que no ataca. Simplemente hay personas que piensan, en algún momento de su vida, de manera ansiosa. Y si puedes aprender a no pensar ansiosamente, sea cual sea la situación, podrás gestionar cualquier suceso. La subida de precios, los impuestos, el desempleo, perder un trabajo, las decepciones que te causan los hijos, alguien que enferma, alguien cercano que muere, alguien que va a lo suyo y no hace lo que tú quieres que haga, la cocina que se rompe, todas las cosas que le ocurren al ser humano… Si puedes aprender a lidiar con ellas, entonces, cuando se presente una crisis, estarás preparado para gestionarla en lugar de sentirte víctima debido a ella. Si siempre te sientes sorprendido y asombrado, molesto por las cosas que pasan en el mundo y deseando que sean diferentes, no estás respondiendo con habilidad.

No se te permite culpar a otros por nada de lo que ocurre en tu vida. Si te empujan, si te sientes victimizado, si no sabes lidiar con ciertas situaciones, si te han golpeado, si descubres que tus hijos o tus padres no te muestran respeto, si no te va bien en una clase particular, si crees que tus profesores te tienen manía, cualquiera que sea el caso: estás enseñando a los demás cómo tratarte.

En una ocasión, una clienta me dijo lo desdichada que era porque se había casado con un alcohólico. Yo le pregunté:

—¿Qué tiene de malo?

—No para de maldecir —dijo ella—, se repite, huele mal y es nefasto estar cerca de él.

—Vamos a ver si lo he entendido —dije yo—. Vamos a ver quién está loco en este pequeño escenario que has descrito. Has dicho que estás casada con un alcohólico, y que maldice, se repite, huele mal y suena alocado…Todos los alcohólicos que he conocido hacen exactamente eso. Tenemos a alguien que hace todo lo que cabe esperar de un alcohólico. Y después te tenemos a ti, que te has casado con alguien a quien llamas alcohólico, y esperas que esté sobrio. Entonces, ¿quién está loco, el alcohólico que está haciendo exactamente lo que se supone que debe hacer, o tú, que estás esperando que alguien sea diferente de como es?

»¡Él es como es! ¿Por qué quieres conservar los pensamientos que te están haciendo desdichada, que van a extender la desdicha en tu vida por el simple hecho de tenerlos en tu mente? ¿Por qué no cambiar esos pensamientos y decirte a ti misma que si argumentas a favor de *tu* desdicha, entonces lo único que vas a *conseguir* es desdicha. Tienes que entender que estás argumentado continuamente a su favor. Vas por ahí contando lo desdichada que eres: porque tú lo has *permitido*. El cambio empieza en ti, no en tu marido.

De manera parecida a mi clienta te sugiero que, independientemente del reto que afrontes —tanto si te trata de algo que te parece imposible, como de cualquier obstáculo que hayas encontrado, algo de tu relación que no está funcionando, o algo que está ocurriendo en tu profesión— examina la creencia en la que se apoya ese comportamiento. Como el antepasado de cada acción es una creencia o un pensamiento, puedes trabajar para cambiarlo todo. Yo he hecho esto muchas veces en mi propia vida. Por ejemplo, durante muchos años jugué a tenis cada día. Crecí creyendo que no tenía un buen revés, y me conté a mí mismo esta falacia durante mucho tiempo. Pero después empecé a cambiar esta creencia. No fue solo que empecé a practicar más intensamente; más bien, empecé a visualizarme haciendo todas las cosas necesarias para que me funcionase el golpe de revés. También empecé a hacer lo mismo con las dejadas, en lugar de decirme "no puedo hacer una dejada" y después actuar a partir de esa creencia. Ya no estoy dispuesto a decirme "nunca voy a hacer una buena dejada" o "nunca devolveré un globo", o "nunca intentaré marcar un tanto de servicio", o cualquier otra cosa.

Si continúas diciéndote que no puedes hacer algo, actuarás a partir de esa creencia. Tanto si se trata de mejorar tu juego de tenis como de algo más grande, cambia tu manera de pensar. Contémplate haciendo y teniendo lo mejor de la vida: descubrirás que tal como pienses, así serás.

Asumir responsabilidad por cómo se te trata en la vida puede funcionar con cualquiera y en cualquier situación. Por ejemplo, he descubierto que la manera de lidiar con individuos poco respetuosos es informarles de que no voy a tolerar ese tipo de conducta. De modo que si un empleado reacciona ante mí con rudeza, lo primero que hago es decirme a mí mismo: "Este es su comportamiento. Él es el dueño de esto". Y yo trato de reaccionar con una actitud bondadosa. Si eso no funciona, voy inmediatamente a otro empleado o al supervisor, o abandono completamente la situación. No me quedo ahí y dejo que alguien abuse de mí física, mental, intelectual o espiritualmente, nunca, porque sé que al permitir que esto ocurra, he dado permiso a esa persona para tratarme de esa manera.

Es asombroso: la mayor parte del tiempo, la bondad y el amor realmente trabajan conjuntamente para conseguir que otras personas entiendan que no pueden mostrarte una falta de respeto. Pero, si eso no ocurre, tienes que pasar al plan B y al plan C, e incluso al plan D; y todo ello viene de esta creencia intelectual con respecto a quién eres como ser humano.

Piensa en ti mismo como algo tan valioso que nunca debería soportar abuso alguno. Supón que tuvieras un jarrón precioso que valiera un millón de euros: nunca abusarías de él. No jugarías a lanzarlo. No lo tirarías al suelo. Probablemente lo pondrías en algún lugar seguro donde nadie pudiera dañarlo.

Bien, lo mismo vale para ti. Si piensas que eres muy valioso, muy importante y muy significativo como ser humano, no permitirás que nadie abuse nunca de ti. Y la mayor parte de los maltratos —tanto si se trata de alguien que fuma, come en exceso, es alcohólico o cualquier otra cosa— viene de una creencia fundamental de que "aquello de lo que estoy abusando no vale nada".

Asimismo, la mayoría de las personas que se sienten solas solo se sienten así porque no les gusta la persona con quien están solas. Si te gusta la persona con quien estás cuando estás solo, estar solo nunca es solitario; simplemente es genial. Tu actitud es que ahora tienes la oportunidad de estar con esa persona estupenda. Pero si la persona con la que estás es despreciable e inaceptable para ti, entonces siempre estarás buscando alguna otra persona para llenar el vacío.

Imagina que has crecido aprendiendo a no gustarte a ti mismo, si bien después te llevas a ti mismo dondequiera que vayas. Mucha gente hace esto, y es una de las cosas más tontas. Tú eres absolutamente cualquier cosa que decidas creer. Si no tienes coordinación, si eres un pésimo cocinero, si no eres bueno en matemáticas, no muy atractivo o cualquier otra cosa, es porque has permitido eso en tu vida. De modo que si no te gusta el resultado de las elecciones que has venido haciendo hasta ahora, sal del vagón de culpar a otros y móntate en el tren de la autorresponsabilidad. Conseguirás cualquier cosa que desees en el sentido de la autoestima porque tu autoestima está completa y totalmente determinada por lo que decides creer con respecto a ti mismo. Todo se reduce a una cuestión de actitud.

Cada uno de nosotros forma parte de un universo perfecto, que opera en armonía, cooperación y amor. Tú nunca podrías ser un error porque formas parte de la perfección del universo. Si crees esto con respecto a ti mismo, entonces, cuando veas que otras personas abusan de esta perfección, de este importante objeto de belleza, reaccionarás tal como reaccionarías de manera natural ante alguien que está abusando de algo precioso. Simplemente no lo permitirías.

El secreto del amor

¿Sabes cuál es el secreto de conseguir casi cualquier cosa que desees en tu vida, incluyendo el éxito y la abundancia? El secreto es el amor. Sin embargo, los que exigen amor nunca lo consiguen. ¿Has visto alguna vez personas que están buscando amor en todo momento? Van a bares de solteros y se miran mutuamente, intentando constantemente encontrar amor, pero nunca lo consiguen. Hay varias personas en mi vida a las que realmente quiero mucho. ¿Sabes cómo conocí a todas ellas, aparte de a mis familiares? Haciendo las cosas que más me gustan. Me gusta jugar a tenis. Solía enseñarlo, y todavía sigo jugando todo lo que puedo. He conocido a otras personas que comparten este interés, y nos hemos hecho buenos amigos. Y he conocido a mi mejor amiga en el mundo del *running,* de los corredores. Me encanta correr y me siento genial cuando lo hago. Ocurrió que ella también corría y nos hicimos amigos íntimos a través de este amor compartido.

Conoces a gente saliendo ahí fuera y siendo tú mismo, y entonces el amor viene a ti. No vendrá si lo persigues. Y lo mismo es para el dinero. Si tu objetivo es conseguir dinero, deja de perseguirlo. Aquí hablo desde la experiencia: he ido de la pobreza total a la riqueza, y todo el dinero que he ganado lo he ganado por accidente. Nunca se me ocurrió que me haría rico escribiendo libros. Sí, siempre trabajaba duro para intentar poner mis libros ahí fuera en el mundo, pero había escrito otros seis libros hasta que llegó el éxito con *Tus zonas erróneas*, y todos habían sido fracasos a nivel comercial. Aunque estos libros estaban más orientados hacia el aula, la psicología y la terapia de grupos y cosas así, y no fueron fracasos para mí, con ellos no gané nada de dinero.

Por otra parte, nunca pensé en mí mismo como en un fracaso, puesto que siempre he escrito lo que me gusta. El primer artículo me lo publicaron en un diario llamado *Educational Technology*, una pequeña publicación de

Englewood Cliffs, New Jersey, con una tirada de unos siete ejemplares: el tipo en cuestión, su madre, sus dos tías, sus dos hermanas y eso era todo. Pero no me importó. Me producía una gran satisfacción que mi trabajo estuviera ahí fuera. Escribo todo lo bien que puedo para mí mismo. Si lo compras y te gusta, eso es un extra. Nunca me senté a escribir. Nunca me he sentado a escribir un libro para que se convierta en un éxito de ventas pensando que la gente lo comprará. Nunca se me ha ocurrido. Es más como si me dijera a mí mismo: "Wayne, sal ahí fuera y haz lo que tenga sentido para ti, que es lo que siempre has hecho". Lo cierto es que me asombra que alguien quiera comprar algo que yo he escrito. He estado escribiendo la mayor parte de mi vida, y nunca se me ocurrió hacerlo por otro motivo que la pura alegría de escribir. Si integras lo que estoy diciendo, entenderás lo que significa tener un sentido del propósito en tu vida.

Esto me recuerda al gran psicólogo Abraham Maslow, que dijo que los individuos del máximo nivel tienen como propósito de su vida las experiencias cumbre. Con "experiencia cumbre" Maslow se refería a estar total y completamente involucrado momento a momento; es decir, la capacidad de trascenderlo todo. Una persona del máximo nivel, una persona sin límites, es inmensamente capaz de hacer de cada segundo una experiencia cumbre. Para estos iluminados, la vida es sagrada. Están ahí fuera, tratando de hacer lo que tiene más sentido para ellos cada día de su vida. Hablan el idioma de los poetas y místicos, el lenguaje de la aceptación, el aprecio y el amor.

Puedes entrenarte para tener las experiencias cumbre de las que habló Maslow en cualquier parte. Mientras esperas tu turno en una larga cola, en lugar de sentirte amargado, molesto e impaciente, puedes abrir los ojos. Si miras alrededor y observas un rayo de luz saliendo de una ventana, por ejemplo, eso podría llenar de alegría tu espera.

Descubrirás que la única diferencia entre una flor y una mala hierba es un juicio. Eso es todo. En lo que atañe al universo, la flor no es mejor; lo único que ocurre es que algunas personas la prefieren. La única diferencia entre ser muy hermoso y nada atractivo es un juicio. Nadie en el mundo es "nada atractivo". Eso no existe. Simplemente hay gente que decide sentirse "nada atractiva".

Las personas sin límites saben íntimamente que si alguien de nosotros está sufriendo, todos estamos sufriendo; es responsabilidad de todos. Hay un maravilloso proverbio chino que dice: "Si quieres pensar a un año vista, planta una semilla. Si quieres pensar a diez años vista, planta un árbol. Si quieres pensar con cien o más años de antelación, educa a la gente". Si educamos a la gente, podremos criar generaciones que no querrán ser soldados, que no matarán, que se enfocarán solo en el amor, que verán que todos somos uno.

Aunque la proximidad dicte que sintamos más compasión por la persona conocida, eso solo se debe a que solemos pensar localmente. Cuando pensamos globalmente, sabemos que un trabajador desempleado de un país extranjero es un problema humano en la misma medida que lo es el vecino desempleado que es amigo nuestro. Cualquier niño que se esté muriendo de hambre, incluso si está en otro continente o más allá del océano, nos afecta a todos. Muchas personas operan bajo la suposición de "solo doy mi amor a las personas que se lo merecen". Y esto es un error, ¿no es cierto?

Todo el mundo merece amor. *Todos*. Muchos hemos oído el dicho: "Odia el pecado, ama al pecador". Creo que este planteamiento filosófico es muy importante. Nuestra actitud debería ser pensar que las cosas que la gente hace son las cosas que les podemos ayudar a corregir y a cambiar. Podemos enseñarles a no ser destructivos, pero siempre debemos recordar que todo el mundo merece nuestro amor. Hasta que empecemos a pensar así, tendremos dicotomías, dualidades. Siempre vamos a tener el tú frente a mí, el nosotros frente a ellos. Mientras existan este mí y este nosotros, este tú y este ellos, nunca habrá un todos nosotros juntos. Lo que tendríamos que hacer es montar todos en una nave espacial y mirar abajo, hacia la Tierra, y reconocer que todos somos habitantes de este pequeño y frágil planeta. En lugar de buscar las cosas que nos separan, en lugar de construir más armas para destruirnos, debemos empezar a buscar el modo de llevarnos bien.

Por vano que suene, si no lo hacemos, no sobreviviremos como especie. O todo dependerá de que las generaciones de un futuro muy lejano puedan evolucionar más allá del holocausto que hemos creado y aprender los mensajes esenciales de todos los grandes líderes religiosos, filósofos y gente espiritual: que somos amor, y somos, en esencia, lo que hace que todo este tinglado funcione. Todo está dentro de nosotros. La verdad no nos será revelada hasta que reconozcamos que somos parte de ella. Todos nosotros somos parte de ella, y todos nosotros somos uno.

EJERCICIO DEL DIARIO

Toma un momento para pensar en el concepto de actitud sobre el que has leído en este capítulo. A continuación, anota en tu diario algunas áreas en las que te gustaría asumir más responsabilidad en tu vida. ¿Cómo puedes cambiar de actitud y alejarte de la derrota propia? ¿Qué tienes que hacer para convertirte en un individuo sin límites? ¿Cómo crees que tus nuevos puntos de vista podrían ayudar a la totalidad del planeta?

CAPÍTULO 2

LA ELECCIÓN
ES TUYA

Recuerdo que una vez estaba en Alemania, esperando en un restaurante italiano porque mi avión se había retrasado. Uno de los camareros, que era italiano, estaba sirviendo una comida deliciosa con la que se te hacía la boca agua. Por otro lado, también era un maniático. Todos los clientes le disgustaban. No paraba de ladrar a los demás camareros y se estresaba mucho entrando y saliendo de la cocina.

Finalmente le dije:

—Ven aquí. ¿Por qué te estás haciendo esto a ti mismo? ¿Por qué te lo tomas tan en serio? Lo único que estás haciendo es servir espaguetis. No es gran cosa. Si continúas comportándote así cada día, te puedo garantizar que sufrirás un ataque al corazón antes de los cincuenta años.

El dijo:

—Mira, ¿qué esperas de mí? Soy italiano.

Como si eso lo explicara. La explicación de su comportamiento era: "No puedo hacer nada al respecto; lo he heredado, ¿sabes? Mis genes del enfado son deficientes". Es como cuando un niño suspende en matemáticas e insiste: "No puedo evitarlo, mi padre era muy malo en matemáticas y mi abuelo también. No es culpa mía; he heredado unos genes deficientes en cuanto a las matemáticas. No puedo hacer nada al respecto".

¿Eres tímido? ¿Te pones nervioso? ¿Tienes miedo? ¿Eres alguien que no puede ponerse delante de un grupo porque te da miedo? ¿Eres alguien que se enfada demasiado? ¿Te sientes manipulado y controlado por otras personas con demasiada frecuencia? ¿Tienes miedo de defender aquello en lo que crees? ¿Eres un cocinero horrible? ¿Eres muy malo en los deportes? Bien, muchos psicólogos te dirán que está en tu inconsciente y que no puedes evitarlo.

Fui educado en este punto de vista, en el que la persona suele depositar la responsabilidad por las cosas que le van mal en alguna otra persona o cosa. Por eso, muchas personas que han crecido en nuestro mundo esgrimen incontables excusas para explicar por qué no han logrado el éxito, por qué son infelices, por qué no pueden hacer que algo ocurra, por qué parece que la oportunidad nunca ha venido a llamar a su puerta.

Un terapeuta podría decirles: "Eres el mediano de los hermanos, ¿qué esperabas? Ciertamente no puedes tener tu propia identidad". Tal vez seas hijo único; o tal vez seas el más joven de doce: tuviste once padres extra toda tu vida, y siempre había alguien diciéndote qué hacer; o tal vez seas el mayor y tuviste que ser el padre de otros nueve, o cualquiera que sea tu caso.

Puedes usar cualquier excusa que quieras: "El diablo me obligó a hacerlo", o "Es culpa de Dios". Parece que Dios y nuestra madre son los máximos responsables de todas las cosas que nos van mal. Las madres tienen una reputación terrible en nuestra cultura: "mi forma de ser no es culpa mía. Es de mi madre". He oído esto cada día durante veinte años, de modo que debe ser verdad: "No puedo hacerlo. Mi madre quería más a mi hermana. No es de extrañar que haya tenido una vida tan dura y complicada. Ella siempre conseguía su atención y a mí no me hacían ningún caso. Su foto está en todos los álbumes, y mía no hay ninguna". Una noche lo anuncié en la televisión por cable: "He venido aquí por una razón. Quiero decir a todos los americanos que a vuestra madre le gustaba más vuestra hermana". Todo ello no es más que una actitud. Es lo que tú decides creer. El hecho es que cualquier cosa que te esté pasando por dentro es una elección. Cualquiera cosa de tu vida que se interponga en tu camino, que te impida funcionar como te gustaría, que te impida alcanzar tus objetivos, tú mismo la has elegido. Es tuya. Tú eres su dueño. No puedo resaltar este punto lo suficiente: "Tú eres la suma total de las elecciones que haces en tu vida".

¡Ten confianza!

En una ocasión, una clienta me dijo que tenía muchas ganas de ser bailarina. Yo le dije:

—¿Por qué no sales ahí fuera y bailas? Preséntate a todos los espectáculos en los que pidan bailarinas y toma lecciones de los mejores instructores.

Su respuesta fue:

—No, no tengo confianza. En cuanto aumente mi confianza, entonces seré una gran bailarina.

Eso es confundirlo todo. La clave de una autoimagen positiva es la confianza, y no es algo que simplemente ocurra. La única manera de conseguir la confianza para ser grande en algo es empezar saliendo ahí fuera y haciéndolo, y después seguir haciéndolo una y otra vez. La confianza viene de la conducta, de asumir riesgos, de no preocuparse por el fracaso, de no amargarse al pensar que alguien se va a reír de ti, de no tener miedo a caerse.

Imagina que una persona derrotista y otra sin límites están escalando una montaña, y se caen sobre una extensión de hielo que ninguna de ellas esperaba. La persona derrotista se queda allí, quejándose: "¡Se suponía que no iba a haber hielo aquí! Nuestro itinerario prometía que no habría hielo, ¡no es justo! Mira, acabo de desgarrarme la ropa, esto no está bien". Por otra parte, la persona sin límites se levanta y dice: "Cuidado con el hielo", y sigue adelante.

Las personas sin límites ven el fracaso como algo que las moviliza, mientras que las personas derrotistas permiten que el fracaso las inmovilice. La persona derrotista sale e intenta algo en lo que no tiene éxito, y entonces se queda totalmente estancada, en un circuito cerrado. Tiene quince años y decide ser el director de su escuela o el presidente de un banco nacional. Cuando le dicen que el banco no necesita ningún presidente de quince años, responde: "Ves, ya te dije que no podría llegar a nada".

La persona sin límites dice: "Bien, si no puedo ser presidente de un banco, puedo fregar el suelo de la sucursal local y ver adónde me lleva eso". Usan los rechazos y fracasos para reencuadrar su forma de pensar y seguir probando otras cosas.

La esencia de la confianza en uno mismo es el hacer: *oigo y olvido. Veo y recuerdo. Hago y entonces entiendo, ni un momento antes.* Si no tienes autoestima, ponte en marcha y haz cualquier cosa que te haga sentirte un poco mejor contigo mismo, y después vuelve a hacerlo una y otra vez. Antes de que transcurra mucho tiempo, serás una persona que tendrá confianza y creerá en sí misma.

En una ocasión, mi hija Tracy estaba preparándose para presentarme sobre un escenario y se sentía muy nerviosa:

—Papá, hay tres mil personas en el público, ¿y quieres que salga ahí fuera?

—Recuerdo la primera vez que tuve que dar un discurso en la escuela —dije yo—. Sabiendo el tipo de amigos que tenía, la noche anterior no paraba de pensar en que me dirían que llevaba la bragueta abierta y en todas las demás cosas que harían. Tenía tanto miedo que no paraba de repetir: "Oh, por favor, por favor... que a la profesora le dé un ataque de apoplejía y pierda la memoria, y no se acuerde de que hay un Wayne Dyer en clase". Esperaba que ocurriera cualquier cosa antes de tener que subir allí arriba.

Entonces, ¿cómo he llegado al punto de poder salir delante de miles de personas y dar una charla? No ha ocurrido de repente. Lo hice una vez, volví a hacerlo y después una vez más. Antes de que pasara mucho tiempo, se convirtió en algo fácil, divertido e interesante para mí. Empezó con una elección, y tú puedes elegir lo mismo.

En mi opinión, la otra parte de la autoconfianza no consiste en equiparar tu imagen de ti con lo bien que te van las cosas en la vida. *Tú no eres lo que haces.* Si tú eres lo que haces, entonces, cuando no haces, no eres. No existes. Si tú eres tu negocio, si eres el dinero que ganas, si eres tu casa, si eres tu familia, si eres tus hijos, entonces, ¿quién eres tú cuando estas cosas se van? Y siempre lo hacen, pues todo en la vida es muy transitorio. Si tu autoimagen está atada a las cosas de afuera, entonces, cuando desaparece tu trabajo, cuando se va la casa, cuando los hijos se independizan, cuando la esposa o el esposo muere, tú también mueres un poco.

Con frecuencia digo que no somos *haceres* humanos, somos seres humanos. Si fuéramos lo que hacemos, entonces, de algún modo, el hacer humano habría evolucionado. Pero no, no lo somos. Somos seres, lo que significa no juzgar o evaluar, sino *ser*. Si eres lo que crees ser, entonces asumirás riesgos, permitiéndote fallar en algunas cosas y hacer bien otras. No confundirás tu valía con lo que haces. Verás lo que haces en la vida como elecciones, pero nunca, nunca harás concesiones en esto: *Tú siempre eres valioso, un ser humano que merece la pena*. No porque lo diga alguien más, no porque tienes éxito, no porque ganas mucho dinero, sino porque tú decides creerlo, y no por otra razón. Si no entiendes eso, no tendrás la capacidad necesaria para ser una persona sin límites.

Puedes controlar tus pensamientos y sentimientos

Puede considerarse que lo que estoy diciendo aquí es de sentido común, pero también creo que es tan lógico que es casi indescriptible. Estudié lógica en la universidad, dentro de la asignatura de filosofía, por supuesto. Estudiamos la lógica silogística, en la que tienes una premisa mayor y una premisa menor, y después puedes llegar a una conclusión basándote en el acuerdo entre las premisas mayor y menor.

He decidido que la lógica va a ser la manera de transmitir el punto que quiero expresar aquí. De modo que comencemos con esta premisa mayor: *yo puedo controlar mis pensamientos*. A continuación, viene la premisa menor: *mis sentimientos proceden de mis pensamientos*. ¿Sabías esto? No puedes tener una emoción sin que un pensamiento la preceda. Es imposible. Percibes cosas en el mundo y después las evalúas. Todo esto ocurre instantáneamente. Evalúas y entonces tienes una reacción emocional. Ahora bien, las personas que no pueden percibir no tienen emociones. Las personas en coma simplemente están allí: no tienen ninguna reacción emocional en absoluto.

Digamos que alguien con quien estás en relación rompe contigo y tú te sientes deprimido. Pero, ¿y si no supieras que esa persona ha roto contigo? ¿Estarías deprimido? ¿Estarías apenado? ¿Te sentirías mal? No. Esa emoción solo se presenta cuando descubres que quieren dejarte. El suceso en sí no te hace infeliz; lo que te hace infeliz es lo que haces con él. Así, tus sentimientos proceden de tus pensamientos.

No estoy defendiendo que haya que ser una persona fría o carente de emociones; simplemente estoy afirmando dos hechos. Premisa mayor: *yo puedo controlar mis pensamientos.* Premisa menor: *mis sentimientos proceden de mis pensamientos.* ¿Cuál es la conclusión lógica e inescapable? *Puedo controlar mis sentimientos.* Todos podemos controlar lo que sentimos aprendiendo a controlar únicamente una cosa: nuestra manera de pensar. Eso es todo. *Yo puedo controlar mis pensamientos. Mis sentimientos provienen de mis pensamientos. Por lo tanto, puedo controlar mis sentimientos.*

Ahora bien, ¿qué sentimientos tienes que no te agradan? Culpa, preocupación, miedo, autorrechazo, búsqueda de aprobación, vivir en el pasado, temor a lo desconocido… todo esto son reacciones emocionales a pensamientos. Y si una emoción es derrotista, entonces es algo de lo que te has de librar a medida que recorras el camino de la iluminación.

Frente a circunstancias que llevan a otros a la locura, las personas sin límites mantienen una especie de calma y serenidad. Están al cargo de cómo reaccionan. No están calculando, no son frías, no son gente sin emociones: simplemente saben cómo no hacer evaluaciones negativas del mundo y de lo que contiene. Practican el tener reacciones saludables ante cualquier cosa que pase, en lugar de practicar el comportamiento derrotista.

Si le haces un adelantamiento muy ajustado en la autopista a una persona derrotista, ella deja que eso le afecte durante bastante tiempo. Por su parte, la persona sin límites se dice a sí misma: "No voy a dejar que ese sujeto me controle hoy. Este es mi día. Podría ser el único día de mi vida. No lo voy a aceptar".

Si la persona derrotista pierde a un amigo, se sienta allí y va rumiando: "Esto no debería haber ocurrido. ¿Cómo me ha podido hacer esto? ¿Qué podría haber hecho yo de otra manera? Oh, no, no lo entiendo". La persona sin límites dice: "Esto es lo que ha ocurrido, y no voy a elegir estar deprimido. No puedo pretender que me guste, pero tampoco voy a permitir que me deprima. No lo permitiré. Voy a mantener esta actitud los próximos cinco minutos. Después, la mantendré los cinco siguientes, y así sucesivamente. Así es como lo voy a gestionar".

Tienes que sentir amor por ti mismo y creer realmente en ti como ser humano. No tienes por qué mostrarte insensible hacia los demás, hacer cosas malintencionadas a otros ni dejar de ser generoso, atento y bondadoso. Yo no vivo así. Yo no practico eso, y nunca he dicho que nadie deba hacerlo. Lo que he dicho una y otra vez, y seguiré diciendo, es esto: *Todos debemos entender el poder de nuestras elecciones.*

El papel del enfado

Esto puede sonar muy extraño, pero no creo que haya nada malo en estar enfadado. Más bien, si te moviliza a hacer algo con respecto a ciertas condiciones que tienen que cambiar en el mundo, entonces, por descontado, usa el enfado con esa finalidad. A mí me enfada ver que hay gente que muere de hambre. Me enfada ver que hay niños en todo el mundo que mueren debido a la malnutrición. Me enfadan los delitos, y la proliferación de armas de fuego en nuestra sociedad, y el hecho de que las personas se disparen unas a otras continuamente, y que ya no valoremos mucho la vida humana. Ni siquiera llega a ser noticia que las personas se disparen unas a otras. Pero este enfado me moviliza para hacer algo: hablo sobre ello, escribo sobre ello, intento marcar la diferencia hablando a grupos de jóvenes en los institutos, y hago este tipo de cosas. Movilizarse es genial.

Se cree que el enfado es malo, que tener pensamientos enfadados no es saludable. Esto no es verdad. Lo que no es saludable es permitir que el enfado te *inmovilice*. Por ejemplo, si estás viviendo un divorcio horrible y estás muy molesto, no puedes hacer tu trabajo, no puedes estar con tus hijos, no puedes llevarte bien con tus compañeros de trabajo, no te sientes saludable ni puedes ayudar a nadie a sentirse saludable. Apenas puedes hacer otra cosa que estar enfermo, cansado o deprimido. Eso es lo único que puedes hacer.

Esta es la elección más irresponsable que puedes llevar a cabo, y sin embargo conlleva una recompensa. Puedes usar esa angustia que estás experimentando para que te impida ser un ser humano eficaz. Es la excusa perfecta cada vez que alguien te pregunta por qué no estás haciendo nada: "¿Cómo esperas que haga algo cuando ya sabes lo que está pasando en mi vida?"

Sentirse culpable es otra elección terrorífica e irresponsable que puede hacer el ser humano: "Mientras me siente aquí y me sienta culpable por lo que hice o dejé de hacer, o lo que debería haber hecho o dejado de hacer, no tengo que hacer nada para corregirlo. De modo que voy a seguir eligiendo sentirme culpable y estar mal. Solo puedo experimentar la culpa ahora, en este momento, y cuanto más la experimento, tanto menos probable es que pueda hacer algo al respecto. Simplemente me convertiré en un fracasado emocional e irresponsable, que además de hacer que su vida sea desagradable e inoperante, también hace sufrir a quienes le rodean".

Ser responsable es ser amoroso, bondadoso, decente y bueno con los demás, y contigo mismo en particular, de modo que puedas llenarte de energía positiva para transmitirla por doquier. Aunque en tu vida estén ocurriendo cosas que no gusten, estás equipado para responder con habilidad, para hacer algo, para buscar soluciones. Si te enfocas en tu dolor y en lo horrible que es, simplemente te quedas ahí, atascado en él.

El enfado, la depresión, el miedo, los celos —cualquier tipo de negatividad— son cosas que numerosas personas dedican mucho tiempo a defender, pero difícilmente merecen ser defendidas. Es muy irresponsable realizar esta elección. Tomemos como ejemplo los celos. Esta emoción es un menosprecio hacia uno mismo, un reflejo del autodesprecio que siente esa persona. Los celos implican tomar la decisión de alguien de amar a otra persona, o de comportarse con otra persona de un modo que no te gusta, y evaluar que esa decisión tiene algo que ver contigo.

En cualquier caso, culpar a otro es irresponsable. En las relaciones, esto se muestra en frases como: "Si fueras más como yo, no tendría que estar molesto contigo ahora mismo. ¿Por qué no te esfuerzas por volverte más como a mí me gustaría que fueras?" En el trabajo, esto se revela cuando los jefes dicen a sus empleados: "Me molesta cuando no haces las cosas como yo pienso que deberías hacerlas", en lugar de entender que las cosas se pueden hacer de muchas maneras.

De modo que hemos establecido que culpar a otros es una mala idea, y rumiar pensamientos que te inmovilizan es una pérdida de tiempo. Cuando te topas con un obstáculo en tu vida y descubres que te sientes molesto, deprimido, o que no puedes funcionar eficazmente, eres un candidato a sentarte en el rincón de la autoderrota.

La mayoría de la gente es capaz de gestionar su enfado de forma que no les inmovilice. Pueden contenerlo sin tensarse demasiado. No obstante, reprimir el enfado puede conllevar problemas de salud. Si me lo preguntas, creo que es más saludable expresar la frustración que estás sintiendo que quedártela dentro. Mientras no hagas nada ni hieras a nadie, te sentirás mejor soltando el enfado: toma una almohada y apriétala contra la pared o grítale.

No obstante, las personas sin límites son capaces de llegar a un lugar mucho más elevado, en el que se sienten movilizadas por el enfado y lo usan constructivamente. ¿Qué es lo que no te gusta del mundo? ¿Qué cosas te parecen verdaderamente ofensivas? ¿No te gusta el hambre? ¿No te gusta que los niños mueran ahí fuera? Personalmente, yo lo detesto. El hecho de que algún ser humano tenga que morir de hambre cuando gracias a la tecnología tenemos suficiente para alimentar a toda la población mundial me enfada muchísimo. Y cuando pienso que estamos planteándonos volver a ir a una guerra, a matar más gente, me siento muy molesto. Entonces, ¿qué podemos hacer con un enfado así? La persona autoderrotista se agita, encuentra que todo el mundo hace las cosas mal y les grita. La persona sin límites siente el enfado, pero hace algo con él. Se deja movilizar por él. Se involucra en una ONG, como Proyecto hombre u Oxfam, escribe cartas al Congreso, habla en televisión, escribe canciones sobre ello o hace lo posible por concienciar del problema. Trabaja para elegir mejores representantes políticos, o incluso él mismo se presenta a un cargo para intentar cambiar las injusticias del mundo. Son personas de acción. Toman su frustración y la convierten en algo bueno para la humanidad.

¿Cuál es tu motivación?

Todos tenemos cosas que no nos gustan de nosotros y de nuestra vida. Pero nuestra forma de lidiar con ellas depende de dónde estemos. Tal como yo lo llamaría, la mayoría de las personas están "motivadas externamente". Con esto me refiero a que permiten que las circunstancias externas determinen adónde van y lo que hacen con su vida.

Imagina que te acercas a un grupo de personas tristes y deprimidas y les preguntas:

—¿Por qué estáis tristes y deprimidos? ¿Qué pasa?

Tres de cada cuatro personas que abordases responderían más o menos así:

"Alguien me ha enfadado. Ha herido mis sentimientos. Ha hecho que las cosas me vayan mal"; "He confiado

48

mi dinero a la persona equivocada"; o "Parece que no puedo llevarme bien con mis padres. Me deprimen". Usarán algo o alguien fuera de sí mismos, sea lo que sea, para explicar por qué están como están. Ahora bien, si una persona tiene incorporados este tipo de circuitos, ¿cómo puede escapar? Bueno, si culpan a alguien o algo externo a sí mismos por estar tristes, entonces confiarán en algo o en alguien externo a sí mismos para sentirse bien. Con frecuencia, ese "algo" es el alcohol: en Estados Unidos, una de cada dieciocho personas es un alcohólico confirmado que necesita tratamiento. La gente también usa las drogas. O el sexo. O bien usa las compras. También pueden dedicarse a ganar dinero. Cuando se sienten tristes, pueden usar cualquier cosa fuera de sí mismos para animarse.

Los individuos motivados externamente buscan la aprobación de otros, usan cualquier tipo de sustancia, emplean explicaciones y excusas, culpan a todas las demás personas y cosas de por qué son como son: "Soy gordo porque tengo que compensar a todos los niños que se mueren de hambre en el mundo. O tal vez la culpa sea de la industria alimentaria. O de mis padres. O de Dios". Siempre se trata de algo externo a ellos.

A modo de digresión añadiré que la televisión enseña este proceso de poner la causa fuera. Un estudio descubrió que en Estados Unidos, Canadá y Europa Occidental, el niño promedio pasa una catorceava parte de su tiempo en comunicación directa con sus padres y trece catorceavas partes de su tiempo delante del televisor. Cuando piensas en ello, esto es increíble. En esencia, la televisión es la que está educando a nuestros hijos.

Como los niños saben todo lo que está ocurriendo a través del televisor, se les enseña a estar motivados externamente. Observa las telecomedias: ofrecen una mezcolanza de lecciones sobre cómo ignorar o desatender a los demás. La mayoría de los programas de televisión exponen cómo menospreciar continuamente a los demás, sean niños o adultos. Simplemente mira la televisión y verás comentarios en plan sabelotodo, y muy poca consideración por la dignidad humana, todo ello interrumpido por innumerables anuncios de productos que favorecen la motivación externa.

Si bien hay un gran número de seres humanos que están motivados externamente, también hay algunos impulsados por una combinación de motivaciones internas y externas. Estas personas tienen cierta orientación interna. Cuando las cosas no van bien, saben en su corazón que son responsables de la situación, pero no parecen saber qué hacer al respecto. Una vez más, esto lleva a una sensación de estar inmovilizado.

Tomemos la guerra como ejemplo. Las guerras están causadas por el enfado no constructivo, y por gente que también responde con enfado no constructivo, y a menudo ambos bandos siguen así durante años. ¿Cuántas personas están en contra del terrorismo? En realidad, quiero decir: ¿Quién *no está* en contra de él? Todos estamos en contra del terrorismo, pero, paradójicamente, esta es una de las razones por las que continuamos teniendo terroristas y guerras en el mundo. La razón es que hay muchas personas que están *en contra* de ellas. Imagina que todos los que están en contra del terrorismo lo expresaran de esta otra manera: "Estoy a favor de la paz", y redirigieran esa misma energía. Si millones de personas trabajaran por la paz en lugar de *en contra* del terrorismo, tendríamos un mundo pacífico.

Si examinamos las estadísticas, por cada euro que gastamos en la paz, gastamos 2.000 en la guerra. Por eso tenemos armas y municiones, bombas y arsenales nucleares, y todas esas cosas que podrían destruirnos. Siempre nos enfocamos en aquello de lo que estamos *en contra*, en lugar de aquello de lo que estamos *a favor*, y esto acaba inmovilizándonos. Asimismo, solemos oír hablar de la guerra contra las drogas. En cuanto hay una guerra, tienes que elegir bando. Necesitas un ganador y un perdedor, y tienes que tener armamento. Las drogas continuarán mientras haya guerras. Creo que podríamos expresarlo en positivo: enfocarnos en tener una cultura libre de drogas.

Cambiar nuestra manera de pensar en este sentido significa que estamos respondiendo a la motivación interna en lugar de a la externa. Pruébalo en tu propia vida: examina en qué áreas te gustaría mejorar. Quizá te gustaría ser menos dogmático en tu relación de pareja. En lugar de expresarlo en términos negativos, trata de enmarcarlo como una afirmación, usando frases "yo soy" enfocadas en el presente: "Estoy volviéndome una persona más agradable". En lugar de reprenderte continuamente por llegar tarde, prueba: "Estoy trabajando en llegar a tiempo". En lugar de lamentarte de que no pasas suficiente tiempo con tus hijos, dite: "Estoy dedicando mucho tiempo a mis hijos". En lugar de dejar las cosas para mañana, afirma: "Estoy dedicando más tiempo a trabajar en este proyecto particular que me interesa tanto".

Así dejas de sentirte inmovilizado por la negatividad, de sentir que has fracasado, y empiezas a expresar las cosas en un lenguaje positivo. Recuerda: nuestro universo está libre de fallos, funciona en armonía y no comete ningún error. Es un sistema perfecto y cada uno de nosotros forma parte de esta perfección. Contémplate a ti mismo de esta manera y después considera que estás realizando nuevas elecciones para tu evolución, en lugar de reparar faltas y deficiencias. Te verás a ti mismo creciendo más y más. Las cosas que solían inmovilizarte, que antes te deprimían y te molestaban, y que solías llamar fallos, ya no las verás como tales. Las verás como elecciones que has realizado a lo largo del camino.

Elegir crecer

El concepto de realizar elecciones es tan importante para mí que mis amigos creen que es casi una obsesión. Pienso verdaderamente que en esta área somos mucho más capaces de lo que creemos. Creo con el corazón, con mi alma y con todo mi ser que todos tenemos el poder de elegir, controlar y dirigir nuestro destino. Como quiera que haya llegado a nosotros, venga de Dios o de nuestra evolución, tenemos libre albedrío. Sería una crueldad absoluta creer que ciertamente tenemos libre albedrío pero que solo es una ilusión. Que, de hecho, todo está programado para nosotros, y estamos viviendo el guión de alguna otra persona. No. Yo tengo libre albedrío porque formo parte de la totalidad de la humanidad. Soy único y especial, y al mismo tiempo formo parte de la humanidad.

Ahora bien, ¿qué podemos hacer para mejorar nuestra condición humana? En primer lugar, y sobre todo, he de decir que no hay problemas que estén definidos por el nacionalismo. Están definidos por las cualidades humanas, no por cómo separamos y compartimentalizamos a la gente. Las personas sin límites entienden esto. Son capaces de mirar holísticamente y decir cosas como: "Hagamos de este planeta un lugar mejor para todos nosotros eliminando la posibilidad de ir a la guerra y de matar. Empecemos por no pensar en matar a ningún ser vivo, a menos que sea absolutamente necesario como parte de la cadena alimentaria. Sintamos la sacralidad de todos los seres vivos".

Los individuos sin límites parecen estar motivados por necesidades más elevadas: la necesidad de verdad, la necesidad de amor, la necesidad de identificarse como ser humano y el sentimiento de pertenencia. La necesidad de dignidad. Estas cosas dirigen sus vidas. Sus vidas no están consumidas por: "¿Cómo me siento hoy?" "¿Qué voy a conseguir para mí mismo?" "¿Cómo me encaja todo esto?"

Pensamos que nuestra necesidad de alimento es más importante que la necesidad de verdad. ¿Has pasado tiempo con personas que no hacen otra cosa que mentir? Si a la gente le arrebatas la verdad, la belleza y la sensación de dignidad, eso les mata tanto como dejarles sin comida: simplemente tardará un poco más. Los hombres y las mujeres iluminados entienden esto. Están motivados internamente. Son capaces de trascender sus egos y conocen su naturaleza espiritual. Están más identificados con lo que verdaderamente está bien en la humanidad. Cuando estás cerca de personas así, tienes una gran sensación de inspiración, de querer estar más cerca de ellas y de no tener nunca suficiente. Se vuelve contagioso.

Ellos son los innovadores, los descubridores de lo nuevo, y no hacen tanto caso a cómo solían ser siempre las cosas. Pensemos en cocinar. Si todos hiciéramos las cosas tal como siempre se han hecho, solo habría un libro de cocina en el mundo, y contendría una única receta: "Toma un antílope de buen tamaño. Haz una gran hoguera y ponlo encima. Eso es todo".

Por otra parte, los innovadores dicen: "Bien, espera un momento. Tal vez antes deberíamos quitarle la piel al antílope"; o "Vamos a salarlo un poco"; o "Vamos a ver cómo asar su lomo"; o cualquier otra cosa. Estas personas nadan contracorriente: "No, no creo que vaya a hacerlo así. Más bien, voy a probar esto otro. Añadiré un poco de esto. Añadiré un poco de aquello. Añadiré mi propio giro al plato". Tienen la capacidad y la disposición de probar algo único, y van a aplicar esa cualidad única a cualquier cosa que hagan; eso es creatividad. Sienten aprecio por los misterios de la vida. Quiero probar cosas nuevas. Quieren hacer cosas que no han hecho nunca antes, en lugar de dedicar sus vidas a hacer lo que se ha hecho siempre.

Las personas sin límites tienen lo que se denomina amor sin conflictos. Mira, la mayor causa de estrés en nuestro mundo es mantenerse en una relación irresuelta. No es el divorcio. No es el cambio de profesión. No es perder el trabajo. No es perder a alguien cercano. Es vivir una relación que sabes que no está resuelta. Ahí es cuando te encuentras pensando cosas como: "No sé si voy a llegar allí, no sé si esto es donde debería estar. No lo sé. Estoy pensando en ello. Estoy esperando a que él cambie. Estoy esperando. He estado esperando 28 años. Él todavía no ha cambiado. Tal vez las cosas mejoren algún día..." y así sucesivamente.

Vivir de esta manera, tanto si han sido 28 años o 28 horas, te deja sin energía. Pasar al amor sin conflicto significa que piensas de esta otra manera: "Miro al mundo y veo a personas que amo. Incondicionalmente y sin conflictos puedo decir 'te quiero' a cualquier persona que me encuentre. Nadie tiene que satisfacer mis expectativas, y yo no quiero que me digan que satisfaga las suyas".

Si puedes pasar esta prueba, estás en el amor sin conflictos. Si no lo estás, resuélvelo. Tanto si se trata de volver con alguien, de hacer que una relación funcione en el día a día, o de decidir que finalmente te vas a ir de ahí, estarás en una posición mejor una vez que tomes una decisión y puedas disfrutar del amor sin conflicto.

Las personas sin límites están motivadas por el amor más que por una sensación de carencia o deficiencia. Son el tipo de personas que van a hacer que este planeta opere a un nivel superior, y todos podemos luchar por esta causa. Es posible que actualmente te sientas motivado por tus deficiencias y pienses: "Quiero mejorarme a mí mismo, de modo que voy a hacer esto". Pero recuerda que no necesitas estar enfermo para mejorar. No tienes que considerar que estás en mal estado para desear crecer.

Todo en el universo es exactamente tal como debería ser. De modo que deja de juzgarlo, incluyendo a esa parte de él que eres tú mismo, y ponte a trabajar. Resuelve las cosas que no te gustan y acepta aquellas que no puedes cambiar. Dirige tu vida con este concepto: cada día es genial. Donde estoy es genial y el lugar adonde voy, también. A esto se le llama motivación para crecer, y es una elección que está completamente a tu alcance, ahora mismo.

EJERCICIO DEL DIARIO

Piensa en reformular las frases negativas que pasan con frecuencia por tu mente cambiándolas por afirmaciones positivas. Por ejemplo, en lugar de decir "Estoy en la ruina", prueba "Disfruto de una vida de prosperidad". O en lugar de "Detesto mi trabajo", prueba "Me siento muy feliz en mi profesión satisfactoria". Anota varias de estas frases positivas en tu diario, y cuélgalas donde puedas verlas a lo largo del día, como en el espejo del baño, en el monitor del ordenador o en el salpicadero del coche. Así, aprenderás a entrenar el cerebro para que solo se enfoque en lo bueno, de modo que después puedas atraerlo a tu vida.

CAPÍTULO 3

¿QUÉ ESPERAS?

Antes de salir a hablar en público, suelo oír variaciones de este tema: "¿Vas a hablar durante cuatro horas? Vas a estar muy cansado al terminar. ¡Vas a estar agotado!" Y mi respuesta típica suele ser: "¿Por qué? No, no voy a estar agotado. No pienso en estar cansado: eso no tiene nada que ver con cómo está organizada mi mente.

Hay muchas personas que se meten en la cama a las dos de la madrugada y se dicen a sí mismas: "Oh, Señor, ya son las dos. Tengo que levantarme a las seis. Es solo dentro de cuatro horas. Si me durmiera en este segundo, y no estoy cerca de eso, apenas conseguiría descansar... mañana voy a estar cansado". Se tumban allí y dan vueltas, se tensan y, claro, pasan cuarenta y cinco minutos más. Ahora son las tres menos cuarto. Las cuatro menos cuarto. Las cinco menos cuarto. Las seis menos cuarto. Ahora actualizan: "¡Hoy voy a estar como un zombi!"

Así funcionan las expectativas. Cuando suene el despertador, lo que tengas en tu mente decidirá cómo va a ser tu día. El cuerpo se te encorva y te salen bolsas en los ojos. En cuanto llegas al trabajo, dices: "No me hables; esta noche no he dormido nada. Hoy me voy a sentir como un zombi. Va a ser un mal día". ¿Ves?

Las personas organizan sus expectativas para que se produzca un resultado negativo, en lugar de decirse a sí mismas: "De acuerdo, nunca voy a volver a estar cansado en mi vida. No voy a tener pensamientos de cansancio. Si los huesos me duelen un poco, si tengo un poco de sueño o algo, haré una siesta rápida o me lo quitaré de encima dando un paseo. No le voy a contar a nadie lo cansado que estoy. Principalmente porque nadie quiere oírlo de todos modos". Si crees que sí, prueba a preguntar: "Perdona, ¿a ti te importa lo cansado que estoy?" Averiguarás que nadie quiere saberlo.

De modo que saca completamente de tu mente la expectativa de estar cansado, y no pienses así a menos que tengas que pasar tres o cuatro días sin dormir. Entonces puedes decirte a ti mismo: "Bien, ahora tengo derecho a estar cansado".

Las expectativas determinan gran parte de nuestra vida. Por ejemplo, determinan hasta qué punto estás físicamente saludable, si tienes resfriados, dolores de espalda, dolores de cabeza, calambres y cosas así. Mira si esto te resulta familiar: "¡Vaya! Ya he pillado ese resfriado que ha estado dando vueltas por ahí. Ahora solo me afecta a la nariz, pero el lunes me bajará al pecho. Para el miércoles tendré fiebre y me veré obligado a estar de baja el jueves y el viernes. Sé que hoy solo es sábado, pero siempre ocurre así". Te predispones a estar enfermo.

Otra opción sería decirte a ti mismo: "Esto es un error. No me interesa. No lo quiero. Esto es una señal de que tengo que tomar algunas tabletas más de vitamina C y descansar un poco más, pero no se lo voy a contar a nadie. Voy a ver si puedo pasar por esto sin informar a nadie de que lo he pillado. También voy a mantenerme activo. No voy a enfocarme en esto ni dejar que interrumpa nada de lo que estoy haciendo".

En una ocasión, un amigo mío estaba aprendiendo a saltar en paracaídas. Tenía un gran resfriado pero no podía posponer su primer salto. Yo le conduje hasta el lugar, y de camino hacia allí, él no podía dejar de hablar de lo mal que se sentía. Le costaba creer que tuviera que saltar en ese estado. No obstante, yo lo dejé allí y él fue a su clase. Durante dos horas se mantuvo ocupado con todo lo que tenía que hacer para prepararse para el salto, y tenía demasiadas cosas que hacer como para estar enfermo. Después de todo, si vas cayendo por el aire hacia el suelo, no quieres molestarte en prestar atención a un resfriado. Mi amigo saltó una vez, pero no se sintió satisfecho. De modo que regresó y volvió a saltar. Cuando fui a recogerle, al montarse en el coche, le pregunté cómo le había ido. De repente ya no tenía el resfriado. Dijo:

—¡Maldita sea! ¡Esto es increíble!

No era como si él no hubiera estado pensando en el resfriado pero tuviera alguien limpiándole los mocos de la nariz. El resfriado ya no estaba allí en absoluto: no lo tenía. Creo que en esto hay una lección.

No eres tu forma

Una vez iba en avión y tenía conmigo un carrito de bebé que llevaba para mi hermano y mi cuñada. Cuando la azafata lo vio, me preguntó:

—¿Es para tu nieta?

Pensé para mí mismo: "¿Cómo puede pensar que alguien tan joven como yo pueda ser abuelo? ¿Cómo podría un chico de catorce años ser abuelo?" Esta es mi percepción de mí mismo: me veo como un niño pequeño. Y sin duda actúo como tal. Corro cada día y juego al tenis mejor que nunca. Puedo hacer casi todo lo que quiera. Sé que lo que cuenta no es la edad de nuestro cuerpo, porque ninguno de nosotros es su cuerpo. Somos nuestra atención consciente. Lo que somos es intangible; después de todo, ya hemos ocupado muchos cuerpos distintos en este planeta.

Yo estuve en un cuerpo de cuatro kilos, y estuve en un cuerpo que solo medía setenta y cinco centímetros. Yo estuve en un cuerpo que no tenía nada de pelo, y después tuvo un montón de pelo, y después todo ese pelo volvió a caerse. He estado en muchos cuerpos distintos. Pero nada con respecto a mí —ni una de las células físicas que componían esos cuerpos— forma parte del cuerpo que tengo ahora. Cada una de las células ha sido cambiada... y sin embargo yo puedo recordar todo lo que hice cuando tenía diez años. No soy un cuerpo con un alma; soy un alma con un cuerpo.

Recuerda: ¡La actitud lo es todo! Comprende que el envejecimiento no depende de la condición de tu cuerpo, porque tú no eres tu cuerpo. Tú eres pensamiento. Que tu forma física envejezca es una cosa, pero tú no tienes que envejecer. Solo es una manera de mirar a tu vida. Sí, tu cuerpo se ralentizará, y ya no podrá hacer las cosas que hacía antes; pero, insisto, la mayor parte de esto está controlado por tu pensamiento. Si te enfocas exclusivamente en el cuerpo, notarás todos los cambios por los que va pasando y lo evaluarás de una manera que diga: "me estoy deteriorando". Pero si lo que eres no es tu cuerpo sino tus pensamientos, entonces no puedes deteriorarte nunca. Después de todo, no puedes matar los pensamientos. No puedes matar los sentimientos. Solo puedes matar la forma. Y si sabes que tú no eres esa forma, sabes que tu conciencia nunca puede morir.

Veo un milagro muy grande en todo este asunto al que llamamos vida, y eso no tiene que cambiar porque mi forma esté envejeciendo. Tal como yo lo veo, tengo un niño dentro de mí. Elijo pensar eso de mí, independientemente de lo que piensen los demás, incluso si una azafata piensa que el carrito de bebé podría ser para mi nieta. Si ella piensa así, eso solo es lo que ella piensa. *Yo* no pienso así, y eso es lo que importa. Yo no veo los efectos de que mi forma se esté haciendo mayor. De vez en cuando noto una nueva arruga u otros cambios que se producen en mi cuerpo, pero eso no es *lo que* yo soy. No evalúo mi valor y mi valía como ser humano en función de mi cuerpo. Sí que lo trato de manera muy saludable: ingiero una tercera parte de la cantidad total que solía comer cualquier día dado; el único azúcar que consumo viene de las frutas; no añado sal a los alimentos; voy caminando a casi todos los lugares adonde voy en lugar de montarme en un coche y dejar que me lleven a los sitios; y corro varios kilómetros al día. Sin embargo, no he decidido hacer nada de esto por temor a que mi cuerpo se esté haciendo viejo y por eso tenga que cuidarlo más.

Más bien, todo esto es el resultado de estar en un estado superior de pensamiento puro y de autoaceptación. Me veo a mí mismo como un ser humano importante y significativo, pero también veo a los demás y al mundo entero de esta manera más purificada y amorosa. En otras palabras, mi cuerpo es capaz de mantenerse en muy buena forma gracias a lo que pienso.

Apuesto a que si tú también diriges decididamente tu manera de pensar y de procesar el mundo, verás que tu cuerpo también se vuelve más saludable y más capaz de lo que jamás pensaste que podría ser. Incluso el completo desgaste del cuerpo es una actitud. Realmente pienso esto.

Parece que la gente empieza a prepararse para la muerte desde el momento en que se enteran de su existencia. Si no nos preparáramos para la muerte, para enfermar y para ir más lentos, nuestros cuerpos no tendrían por qué desgastarse. Hay algo en el proceso de envejecimiento que tiene que ver con nuestros pensamientos, con los pensamientos que somos. Cuando hayamos aprendido a trascender el tipo de pensamientos que nos preparan para hacernos mayores y estar más débiles, creo que habremos conquistado el proceso de envejecimiento. Todos tenemos dentro la capacidad de hacer grandes cosas y de superar cualquier obstáculo. Esto me hace pensar en Norman Cousins, que escribió el libro *Anatomía de una enfermedad*. A Cousins le diagnosticaron espondilitis anquilosante, una enfermedad inflamatoria que puede hacer que se fundan algunas vértebras de la columna. Cuando le dijeron que tenía una probabilidad entre quinientas de sobrevivir a la enfermedad, y que, por descontado, no volvería a caminar, Cousins decidió no tirar la toalla. Hizo voto de mantenerse motivado internamente y lo consiguió por medio de la risa. Creo que no hemos investigado lo suficiente la importancia de la risa, lo bien que uno se siente riéndose, y lo terapéutico que es poder reírse de uno mismo y de los demás, y no tomarse la vida tan en serio. No mantener una gravedad pétrea con respecto a nosotros mismos es de un valor incalculable.

Cousins dispuso que le enviaran a su habitación en el hospital todas las cosas que alguna vez había considerado divertidas, como películas de los hermanos Marx y de Abbott y Costello. Vio estas películas una y otra vez, y se rió a carcajadas día tras día. Esto, combinado con su actitud general y sus creencias, le ayudaron a curarse. La mayoría de los médicos, y los cirujanos en particular, saben que el paciente que tiene voluntad de vivir tiene más posibilidades de sobrevivir y prosperar que el paciente que se siente triste y deprimido, que el paciente que ya se ha rendido.

No podemos definir qué es esa voluntad. No la podemos cuantificar estadísticamente, pero sabemos que está ahí. Todos hemos oído historias de madres que hacen cosas heroicas para rescatar a sus hijos, como levantar coches para liberarlos o sacarlos de un edificio en llamas. Esta capacidad está dentro de cada uno de nosotros y ni siquiera hemos empezado a conectar con ella.

Esto es a lo que me refiero: puedes establecer un compromiso con algo tan simple y básico como si vas a volver a enfermar o no, o en qué medida vas a permitir que ciertas enfermedades tengan control sobre ti. ¿Hasta qué punto vas a permitir que te inmovilicen, que te restrinjan? La televisión te dice cuándo resfriarte porque quieren venderte medicinas para el catarro, o espray para la nariz, o cualquier otra cosa que anuncien. Pero tú puedes tomar esta decisión para ti mismo; después de todo, tú no eres tu forma.

¿Cómo de sano puedes llegar a estar?

Podemos ver una de mis discrepancias con cómo se practica la medicina en el mundo de nuestros días si imaginamos una línea con tres puntos: A, B y C. El punto A representa la enfermedad, una ausencia de salud. El punto B representa el estado "normal": es decir, no hay nada que esté yendo mal. El punto C representa la posibilidad óptima, el potencial total de salud. Esto es todo lo saludables que podemos llegar a estar.

En Occidente, casi toda la medicina se practica entre los puntos A y B. No vas a ver al médico a menos que tengas algún problema, y entonces vas y le cuentas los síntomas. "Estoy resfriado", "tengo fiebre", "me duele el brazo", o lo que sea. Así es como se practica la medicina occidental: te lleva desde tu dolencia al punto de ya no tener más síntomas.

Hay otra manera de hacerlo, y, en mi opinión, así es cómo debería practicarse la mayor parte de la medicina. Ciertamente, si te tienen que extirpar la vesícula biliar, debes ir a que te la extirpen. Pero, en general, enfocarse en el área situada entre el punto B (que es sentirse normal) y el punto C (que es tu máximo potencial de salud) sería una manera fantástica de practicar la medicina. La medicina preventiva, holística, humanista y conductista está empezando a coger impulso en algunas partes de Occidente, y esto es maravilloso. Imagina que fueras capaz de emplear la medicina para *estar más saludable* en lugar de para *librarte de la enfermedad*. ¿Cuál es el máximo estado de salud que puedes disfrutar?

En este sentido, ¿cuáles son tus posibilidades como ser humano? ¿Has pensado alguna vez en eso? ¿Cuántas vitaminas puedes tomar? ¿Cómo podrías llegar a correr ochenta kilómetros sin sentirte cansado? ¿Puedes practicar ejercicio durante todo el día y estar como una flor? ¿Puedes subir veinte tramos de escalera sin jadear? ¿Puedes hacer una larga y agotadora caminata por el bosque y estar genial?

La medicina del ser —un método holístico y humanista de tratar a la gente— es una idea brillante. Esto es lo que la gente sin límites hace continuamente. Siempre están pensando en lo sanos que pueden llegar a estar. No ven el síntoma como una razón para ir al médico o tomarse unas pastillas; no quieren que otra persona les diga lo que va mal en ellos ni que les haga tomar un montón de medicamentos. Ahora bien, no estoy despreciando la medicina moderna. Siento un inmenso respeto por los médicos; son, sin duda, nuestros profesionales mejor formados. Pero creo que tratar a las personas no solo a nivel físico aporta grandes beneficios; se trata de formarlas desde temprana edad para que crezcan pensando y actuando de la manera más saludable posible.

Imagina que educas a tus niños para pensar así... No te quejarías de que comen comida basura, porque la comida basura no estaría ahí. No necesitas tenerla en casa. Tú serías el modelo a seguir al practicar bicicleta, natación, correr, caminar y realizar otras actividades físicas con ellos. Te sentirías increíblemente sano. No pensarías en enfermedades, alergias ni similares. Imagínatelo.

Una de las cosas que solemos hacer en las familias es premiar a los niños por estar enfermos. Les prestamos más atención, les acunamos, dejamos que se queden en casa en lugar de ir a la escuela, les abrigamos, les llevamos una televisión y les damos el refresco que de otro modo no podrían conseguir. Entramos en su habitación y hablamos continuamente con ellos, les tocamos la frente, los masajeamos. Visto de otra manera, los castigamos por estar bien, y esto es justo lo contrario del comportamiento que querrías reforzar.

¿Y si enviaras un cheque a tu médico mientras estuvieras bien, pero dejaras de enviárselo al enfermar, porque su trabajo es promover la salud y no la enfermedad? Creo que se puede aplicar la misma lógica a la crianza de nuestros hijos. Por eso, cuando alguno de mis hijos me dice que no están bien, o que tiene un resfriado, o algo de este tipo, mi respuesta inicial siempre es: "Oh, no vas a tener ese resfriado. Eres demasiado fuerte para eso. Eres fantástico. Una persona muy saludable. Sé que lo vas a superar. Cualquier otra persona podría resfriarse, pero tú no". Cuando oigo un quejoso "no me siento bien", lo dejo pasar. Y suelo responder con el buen aspecto que tiene: "Hoy tienes un aspecto magnífico. Estás tan sano. Mira todo lo que puedes hacer". En otras palabras, se trata de reforzar la salud en lugar de la enfermedad, y evito premiar a mis hijos por estar enfermos. De esta manera aprenden a responder con habilidad y a elegir la salud.

Cuando yo era niño, me dijeron que si dejaba abierta una ventana, me resfriaría. En la casa de acogida en la que viví durante varios años, muchos de los niños estaban resfriados continuamente, tanto si las ventanas estaban abiertas como si no. Yo solía decir:

—Pero, señora Scarf, he estado al aire libre todo el día. Estábamos jugando a hockey y el viento soplaba a cincuenta kilómetros por hora. ¿Por qué habría de resfriarme por dejar la ventana abierta? Me gusta dormir en una habitación fresca y agradable, notando la brisa.

—Bueno, los gérmenes del resfriado están en el aire —decía ella.

También solía decirnos que los gérmenes del resfriado estaban en el linóleo del suelo, y que si caminábamos descalzos, de algún modo los gérmenes ascenderían por nuestro cuerpo y acabarían en la nariz. Esto parece un poco tonto, por supuesto, pero muchas personas se creen nociones igualmente ridículas, especialmente en lo relativo a la enfermedad. Yo ya no lo hago. Últimamente, si tengo un pequeño resfriado o algo parecido, lo trato como un error. No hablo de él a nadie. No me interesa que forme parte de mi vida. Ya no tengo pensamientos de resfriado, y procuro reforzar la salud pensando en mí mismo, en mis hijos y en todas las personas con las que trato. No pienso en mí mismo como una persona que tenga un don especial, aparte de que no quiero pasar los días en la cama. Mi manera de luchar contra ello es mantenerme en forma, y esto constituye una parte muy importante de mi vida. Creo en ello con fuerza, tanto para mí como para quienes quieran hacer esta elección: simplemente consiste en vigilar lo que comes, no pensar que estás enfermo y mantenerte activo a nivel físico. Creo que si no dedicas tiempo de tu vida al ejercicio y a la salud, más adelante tendrás que dedicárselo a la enfermedad. La elección es tuya.

Expectativas sin límites

Cuando te responsabilizas de todos los aspectos de tu vida, puedes entrar casi en cualquier situación y salir de ella sin que te afecte lo más mínimo, más fresco que una rosa. La gente dirá: "Vaya, este tipo tiene mucha suerte"; o "Ella ha elegido el momento perfecto: siempre parece estar en el lugar justo en el momento adecuado". Una vez más, se trata de la actitud. Hay una expectativa dentro de la persona sin límites que opera en los niveles más elevados de la vida: "las cosas me van a ir bien".

Esto contrasta con la persona derrotista, que se mete en el coche y acude a un evento esperando no encontrar sitio donde aparcar. Es asombroso: cuando alguien cree que no va a haber sitio donde aparcar, nunca lo encuentra. Miran directamente delante de ellos, con esa visión de túnel característica de la mayoría de las personas que no operan en los niveles más elevados de la vida. Lo que ven es que no hay plazas de aparcamiento en ninguna parte. Ninguna. La expectativa de la persona sin límites es: "Tengo mi propia plaza de aparcamiento. Sé que cuando llegue allí, alguien podría estar usándola. No soy egoísta; no pienso que deba estar siempre vacía. Pero, ahora que estoy aquí, quien quiera que esté en mi plaza, me gustaría que se fuera, por favor". Y, claro, siempre encuentran aparcamiento.

Te estoy diciendo que prácticamente todo en la vida se reduce al tipo de actitudes o creencias que tengas con respecto a una situación dada. Usemos el ejemplo de tener un bebé. Si no has tenido un hijo antes, por supuesto que te va a dar un poco de miedo. Oirás muchas historias de que va a ser doloroso, porque se suele hablar de los *dolores* del parto. Y si entras con la actitud de que va a ser horrible, entonces, sin duda, así será.

Sin embargo, algunas mujeres paren y ni siquiera usan la palabra *dolor*. Hablan de las *señales* de parto, en el sentido de: "esto es una señal para mí, para que use mi cuerpo de cierta manera". Están tan ocupadas, activas y participativas en este maravilloso papel y ritual de dar a luz a un niño que no tienen tiempo de pensar en el dolor.

Sé que es fácil para un hombre decir esto. Algunas mujeres me han dicho: "Mira, puedes repetir esto todo lo que quieras, pero cuando empujes una sandía fuera de tu cuerpo, entonces vuelve y dime que no te ha hecho daño". Soy completamente sensible a esto y no quiero menospreciar la experiencia de nadie, especialmente siendo padre de ocho hijos. Pero creo genuinamente en la capacidad de enfocarse en los resultados positivos siempre que sea posible.

Es muy importante entender que la vida no es más que una serie de elecciones. A lo largo de los años he hablado con muchos jóvenes que me han dicho que no les gusta su profesor de ciencias, que no les gusta su profesor de matemáticas, y que no se llevan bien con su profesor de biología, que no pueden soportar esto o aquello. Y yo les pregunto:

—¿Qué objetivos tienes? ¿Por qué estás yendo a clase de biología? ¿Estás yendo porque tienes que hacerlo? Escucha, eres tú quien elige ir a la escuela. Si quisieras, podrías elegir no ir. Podrías convertirte en un holgazán. Tienes a tu disposición todo tipo de opciones. Estás allí porque lo has elegido, entonces, ¿qué quieres sacar de ello?

La mayoría de ellos no quieren ser en un futuro maestros biólogos; quieren aprobar biología para no tener que repetirla y no pasarlo mal. (Y tal vez quieran aprender algo también.) Entonces les digo:

—Tienes este profesor con el que te encuentras cada día. ¿Crees que su objetivo es convertir tu vida en un infierno? Que se levanta por la mañana y dice: "Vamos a ver qué puedo hacer contra Michael. Ayer le pillé, pero hoy voy a ver si puedo hacer que su vida sea realmente desgraciada"? Si esta es tu actitud, entonces verdaderamente tienes problemas.

Tu objetivo es aprobar biología y no tener que repetirla, y estás aquí sentado hablándome de lo terrible que es. ¿Por qué no hacer otras elecciones que te permitan la opción de pasártelo genial en clase cada día? Como mínimo, asegúrate de aprobar y de no tener que repetir. Cambia de expectativas y responde con habilidad.

EJERCICIO DEL DIARIO

Imagina que es fin de semana y te piden que cortes la hierba del jardín de casa. Es un día precioso, pero de repente estás tan cansado que podrías dormir durante días.

Y después te preguntan:

—Oye, ¿te gustaría ir a esa fiesta esta noche? Ya sé que has dicho que estás cansado.

Apuesto a que tu respuesta sería:

—¡Sin duda! Me siento genial, no estoy nada cansado.

Cuando hay algo que te interesa mucho, el cansancio parece desaparecer como por arte de magia. Es como cuando tenías que hacer las tareas de la escuela: te sentabas e inmediatamente empezabas a bostezar. "No puedo mantenerme despierto". Después recibes la llamada de un amigo y te pasas dos horas al teléfono con toda la energía del mundo.

Anota en tu diario cómo podrías elegir reaccionar de manera diferente ante algunos de los temas que se han tratado en este capítulo, esperando que se den únicamente resultados positivos.

CAPÍTULO 4

QUIÉN ERES
REALMENTE

Un día estaba en Florida y salí a navegar en el barco de un amigo. Mientras mi amigo estaba al timón, mi ojo se vio atraído por la estela que dejaba el barco, el rastro que dejábamos detrás. Mientras la notaba, tomé conciencia de que la estela no impulsa el barco; era lo que acabábamos de experimentar. Y, mientras la contemplaba, desaparecía completamente. Seguía durante cierta distancia y luego desaparecía.

Me di cuenta de que cada uno de nosotros también va dejando atrás una estela que consiste en todo aquello que ha venido a nuestra vida. Esto incluye todas las experiencias que hemos tenido, así como nuestras creencias, y todo lo que las demás personas nos han enseñado con sus mejores intenciones: nuestros padres, nuestra formación religiosa, nuestra escuela, y así sucesivamente.

Tienes que entender que nada de lo que constituye tu historia está impulsando el barco al que llamas tu vida, tal como la estela no impulsaba el barco de mi amigo en Florida. Lo que impulsa tu vida es la energía que estás generando en el momento presente, no tu pasado. Aferrarte a esta idea de que tienes que ser como siempre has sido, debido a lo que te ha ocurrido, es tan derrotista como creer que la estela impulsa al barco. Tienes que abandonar esta noción. Aquí te estoy hablando de cómo alcanzar un alto grado de libertad que te permita ir más allá de las ideas que te han convencido de que la estela está impulsando el barco de tu vida. Todas esas cosas no son más que el rastro que has dejado atrás. Para alcanzar esta libertad que acompaña a la conciencia superior, es importante que borres todos los elementos que están en la estela. Tienes que soltar la historia que te has venido contando a ti mismo de que lo ocurrido en el pasado decide para siempre tu presente.

Seis cosas que tú no eres

Si no eres tu historia, tu estela, entonces, ¿qué eres? En primer lugar, creo que es importante examinar algunas de las cosas que no eres, aunque es probable que toda tu vida te hayan estado diciendo lo contrario.

1. Tú no eres tu nombre. La mayoría de la gente se identifica y se ata mucho a su nombre, aunque solo es una etiqueta. Por ejemplo, mi nombre es *Wayne*, que significa "fabricante de vagones", y *Dyer*, que es el nombre de la profesión de las personas que se dedicaban a teñir lana y cueros en la Inglaterra del siglo xvii. Soy literalmente un fabricante de vagones que tiñe cueros. Por supuesto, yo no soy mi nombre en absoluto; solo es algo que me dieron para separarme de todas las demás formas que hay en el planeta. Lo mismo te es aplicable a ti: tú no eres tu nombre.

2. Tú no eres tu cuerpo. Estaba hablando con un hombre cuyo hijo había muerto y me contaba que habían donado el cuerpo de su hijo, habían dado los diferentes órganos (como el hígado, el corazón, los ojos) a la ciencia. Mientras describía esto, yo estaba allí sentado pensando: "Qué gesto tan bonito pero, ¿quién era el dueño del cuerpo?" Cuando donas partes de tu cuerpo a la ciencia después de morir, hay un donante y hay un cuerpo que está siendo donado. Tú eres el donante; tú no eres tu cuerpo. Tú eres eso que es su dueño, o el que lo nota, o el que lo observa, o el que lo dona, o como quieras llamarlo. Eres consciente. Cuando dices: "Este es mi brazo", esto implica que eres dueño de algo llamado brazo. No que tú *eres* el brazo, eres su propietario. Como he dicho muchas veces en este libro, tú no eres tu cuerpo.

3. Tú no eres tu mente. Tal como hablas de "tu" cuerpo, también hablas de "tu" mente. Esto implica que tú eres el dueño de la mente. "Estaba pensando esta mañana" significa que eres el pensador del pensamiento, el "yo" que piensa. Cuando preguntaron al maestro Nisargadatta Maharaj si la mente es la verdadera persona, replicó: "Examínala de cerca y verás que la mente está llena de pensamientos. Es posible que ocasionalmente se quede en blanco. Lo hace durante algún tiempo y después vuelve a su agitación habitual. Una mente calmada no es una mente pacífica. Dices que quieres pacificar tu mente. El que quiere pacificar la mente, ¿es él mismo pacífico?"

Esta línea es muy importante: *El que quiere pacificar la mente, ¿es pacífico él mismo?* Tú, que estás leyendo este libro, quieres tener una mente pacífica. ¿Ese tú que quiere tener una mente pacífica es pacífico él mismo? Eso es quien tú eres. Una vez más, se trata del observador: eso es quien eres. Tú no eres el pensamiento, tú eres el *observador* de ese pensamiento.

4. Tú no eres tu profesión. Tú no eres un ingeniero ni un profesor, un tendero, una secretaria ni una enfermera; esta identificación con el papel que desempeñas te mantiene distanciado de tu verdadero yo superior. Una vez más, esto es algo que tú —el tú Divino, eterno e inmutable; la parte de ti que siempre fue y siempre será— has observado hacer a este cuerpo tuyo. Identificarte con tu trabajo implica que te estás restringiendo, y que estás diciendo que hay otras cosas que no puedes hacer.

Uno de los problemas que muchos de nosotros tenemos, y que nos aleja de la libertad, es que empezamos a vernos limitados por un título y una ocupación que decidimos tener hace muchos años. Creemos que eso es lo que somos. No podemos ir más allá de eso, aunque esté en la estela, en el rastro que hemos dejado atrás. Lo que has estado haciendo hasta ahora es solo eso, lo que *has estado* haciendo. Está el acto de hacerlo, y después está el tú que ha observado cómo se estaba haciendo. Eso es quien tú eres. Tú siempre eres el testigo. Siempre eres el observador y te observas a ti mismo pasar por esos movimientos. Es decir, si pones tu atención en lo que quieres ser, en lugar de en lo que siempre has hecho, puedes verte a ti mismo cambiar y ser capaz de hacer cualquier cosa. Por eso, nunca puedo verme a mí mismo como un profesor, ni como un escritor, ni como un conferenciante, ni como un nada. Cuando la gente me pregunta qué soy, siempre me quedo perplejo porque me veo capaz de hacer una cantidad interminable de cosas, en lugar de identificarme con un papel en particular.

5. Tú no eres tus relaciones. Tú eres algo que está observando la relación y alguien que está en relación, pero tú no eres la relación misma. Esto significa que cuando una relación acaba, o "fracasa", tú no te conviertes en un fracaso. Tú eres únicamente el observador. Tú no eres las personas con las que te relacionas, con las que estás en una relación particular en un momento dado. Es como una gran obra de teatro de la que todos formamos parte: hay entradas y salidas. Algunas personas entran para desempeñar papeles muy breves; otras tienen papeles más largos. Tú no eres nada de ello.

Tienes que entender que la situación se parece mucho a cuando te vas a dormir y tienes un sueño: creas cualquier cosa que necesitas para tu sueño, creas los personajes que requieres. Esos personajes no son quien tú eres; simplemente los creas para tu sueño. A continuación, cuando despiertas, no te enfadas con los personajes por haber estado en tu sueño. Más bien, sabes que son lo que necesitabas para ese sueño. Lo mismo es válido para *este* sueño al que llamamos conciencia de vigilia. Creas a los personajes que necesitas para representar la obra teatral que es tu vida, pero eso no es quien tú eres. El hecho de estar en relación con ellos no te define. Tú eres eso que lo está observando todo. Tú eres el testigo.

6. Tú no eres tu país, tu raza, tu religión, ni ninguna de las demás etiquetas que te has puesto a ti mismo. Tú no eres americano. Tú no eres negro, blanco ni marrón. Tú no eres cristiano ni budista. Tú eres eso que es eterno. Tú eres una Divina extensión de Dios. Tú eres invisible, eterno e inmutable. Es posible que estés aquí, en este país en concreto, practicando esta religión en concreto, o con este conjunto particular de características corporales, pero eso no es quien tú eres. Tú eres algo que es independiente de todo eso, alguien que lo está observando todo. No hay nada en tus cualidades o características raciales, étnicas o geográficas que te haga ser mejor que cualquier otra persona del planeta que tenga otras cualidades diferentes. Tú eres una extensión de Dios, y ocurre que estás en este tipo particular de cuerpo, con estas prácticas particulares, y este cuerpo y estas prácticas solo son parte del programa de estudios procedente de Dios. Este es el programa de estudios al que te has apuntado, y estás aquí para aprenderlo. Tan solo es el método que estás usando para alcanzar una parte más elevada de ti mismo, y no es mejor que el de cualquier otra persona. Tanto si este cuerpo es alto o bajo, moreno o pálido, eso forma parte de tu programa de estudios. Cualquier cosa que el cuerpo pueda o no pueda hacer está en el orden Divino. Como he dicho muchas veces: tu forma no es quien tú eres; solo es un garaje donde aparcas tu alma por un breve periodo.

Un buen resumen de toda esta sección viene de Nisargadatta Maharaj, a quien mi querido amigo Deepak Chopra me presentó hace años. Nisargadatta falleció a comienzos de los años ochenta, pero su trabajo ha tenido mucha influencia en mi vida.

Uno de los alumnos de Nisargadatta le comentó:

—Cuando miro dentro, encuentro sensaciones y percepciones, pensamientos y sentimientos, deseos y temores, recuerdos y expectativas. Estoy inmerso en esta nube y no veo nada.

—Eso que ve todo esto —respondió él— y también la nada es el maestro interno. Solo él *es*. Todo lo demás solo parece ser. Él es tu propio ser, tu esperanza y lo que asegura tu libertad; encuéntralo y aférrate a él, y estarás seguro y salvado.

Eso que ve todo esto, y también la nada, es el maestro interno. Eso es lo que ve estas percepciones, lo que siente estas sensaciones y experimenta estos pensamientos, sentimientos, deseos, temores, recuerdos y expectativas. El que soporta todo eso es tu maestro interno, y eso es lo que realmente eres.

Sin etiquetas

Cuando estaba terminando mi doctorado en la Universidad Wayne State, hice un curso con un profesor llamado Milton Kavinsky, uno de los mejores profesores que he tenido nunca. Yo era uno de los dieciséis alumnos en este seminario avanzado de metafísica aplicada. Cada uno de nosotros tenía que tomar un punto de vista filosófico particular y presentarlo a la clase durante dos horas y media, y después Kavinsky hablaba de él durante una hora. Teníamos que presentar nuestros argumentos de tal modo que fueran aplicables, de tal modo que pudiéramos decir: "Cuando nos vayamos de esta aula hoy, si somos capaces de adoptar estas ideas, cambiaremos nuestra vida en algún sentido". Era un curso obligatorio si se quería conseguir el doctorado, y resultó ser genial.

Cuando llegó el momento del examen final, Kavinsky nos dijo que duraría tres horas y cuarenta minutos, y que podíamos llevar libros para consultar. Podíamos llevar cualquier material y todos los "libros azules" que quisiéramos. Algunos podréis recordar que en la escuela usábamos esos libros azules, pensando que podíamos copiar muchas páginas de ellos y tal vez el profesor no se daría cuenta de que no teníamos ni idea de lo que estábamos diciendo. Bueno, pues Kavinsky no era así. Él podía decir al instante si tú sabías de qué estabas hablando, independientemente de cuántas páginas rellenaras.

Llegó el día del examen final y la sala estaba llena de las pilas de libros que todos habíamos llevado con nosotros. Kavinsky repartió los exámenes a las diez de la mañana. Y dijo:

—Tenéis hasta la una y cuarenta para escribir, y podéis usar lo que queráis. Ahora dar la vuelta al papel.

Y entonces se fue del aula. En cada examen había tres palabras y unos signos de interrogación: *¿Quién eres tú?* Eso era todo. Todos nos quedamos mirándonos unos a otros, y después miramos los materiales que habíamos llevado con nosotros.

Kavinsky volvió a entrar en el aula, paseándose entre nosotros como el teniente Colombo. Si recuerdas al personaje del teniente Colombo en televisión, siempre estaba "olvidándose" de algo, pero en realidad sabía exactamente lo que hacía. Kavinsky nos dijo: "Oh, no sé qué me ha ocurrido... He olvidado la segunda hoja. Sabía que no le había dado todo a mi secretaria..." Entre tanto, allí estábamos todos nosotros, sudando.

Repartió la segunda hoja diciendo:

—Aquí hay una lista de todas las cosas sobre las que no podéis escribir. De hecho, si incluís referencias a cualquiera de estas cosas en vuestra respuesta, eso os supondrá un suspenso en esta clase. Lo que no me importa, y sobre lo que no podéis escribir es: vuestra edad, vuestro entorno familiar, vuestros objetivos, cualquiera de vuestras aficiones, vuestra orientación religiosa, vuestras preferencias en cuanto al voto, vuestra ciudad de nacimiento, cuánto dinero habéis ganado, o lo que creéis que podríais hacer en vuestra vida.

Había unas sesenta de estas cosas en las que todos esperábamos basar nuestra pequeña autobiografía. Después, al pie de la página había una cita de Soren Kierkegaard, el gran teólogo danés: "En cuanto me etiquetas, me niegas". A continuación, Kavinsky salió definitivamente de la habitación. Os diré que fue uno de los exámenes más difíciles que he hecho. Nunca lo olvidaré.

Es muy difícil definir la parte "inetiquetable" de ti, pero, una vez que lo haces, ese trabajo es increíblemente poderoso. Puedes llamarla el alma, el espíritu o como tú quieras: descubres que esa parte invisible de ti es la que realmente lo determina todo con respecto a tu vida. Empiezas a decirte a ti mismo: "bien, ¿cómo puedo aplicar la conciencia de estos pensamientos y cómo puedo usar mi mente para hacer que mi vida sea todo lo que quiero que sea, para traer a mi vida las cosas que son importantes para mí, para mejorar la calidad de mis relaciones, para tener el éxito al que tengo derecho?" Se trata de llegar al punto en el que sabes que cada uno de tus pensamientos tiene el potencial de manifestarse en tu vida. Empiezas a tener mucho cuidado de no pensar en nada que no vaya a funcionar para ti, y empiezas a cuestionar incluso por qué habrías de tener esos pensamientos. Empiezas a sentir una sensación de responsabilidad por todo lo que cruza por tu mente.

Como pienses, así serás

Como se ha mencionado antes, el antepasado de cada acción es un pensamiento. Por tanto, si tienes la mente enfocada en algo que no te gusta, entonces eso que no te gusta va a expandirse. Aquí quiero poner énfasis en un punto muy importante: "Cada uno de los problemas que tienes en tu vida, lo experimentas en tu mente". Lo experimentas en el pensamiento, pero es tu manera de procesarlo lo que convierte algo en un problema. Si sabes que cualquier problema que tengas en tu vida está en tu mente, entonces sabrás que la solución a cualquier problema también tiene que estar en tu mente. La solución no puede estar en alguien o en algo externo a ti. Si piensas que alguna otra persona te hace desdichado, envíame a esa persona: yo la trataré y entonces tú te sentirás mejor. Por supuesto, esto es absurdo. Sabemos que tanto la solución como el problema están dentro. Recuerda que el poder siempre está dentro de ti.

Te conviertes en aquello en lo que piensas a lo largo de todo el día. Por ejemplo, imagina que eres un vendedor y que te diriges a una reunión con un cliente. ¿Qué pasa si tu mente, tu humanidad, tu Divinidad, tu conexión con la eternidad, la totalidad de tu ser —que es invisible, pero está atrapada en este paquete llamado Wayne, o Joe o Sally— está atascada en un pensamiento negativo? Si lo único que puedes pensar es: "Esto no va a funcionar", o "No soy muy bueno en esto", o "No tengo experiencia en esto", o "Esta persona ha estado indecisa durante mucho tiempo y no va a querer cerrar la compra"... ¿Sobre qué vas a actuar? Tal como pienses, así serás.

Por eso es tan importante que la negatividad no obstruya tu mente. Si lo buscas, siempre vas a poder encontrar algo negativo. Si quieres ver un aumento del racismo en el mundo, basta con mirar alrededor y lo verás. Pero si quieres ver un aumento de la hermandad, también podrás verlo, y podrás ser parte de él. La conciencia colectiva comienza con cada uno de nosotros.

Aquello en lo que piensas, se expande, es la primera regla. La segunda es: *Aquello en lo que piensas ya está aquí.* Esta segunda regla es muy importante. En el mundo del pensamiento, todo aquello en lo que piensas ya está aquí: no está en otra parte. Cualquier cosa que puedas concebir en tu mente, puedes crearla en la forma. Es muy necesario que sepas esto... y también que lo sepan tus hijos, especialmente cuando se dicen a sí mismos que hay algo que no pueden hacer.

Cuando mi hija Sommer era pequeña, me tumbaba de espaldas y la levantaba con los brazos. Al resto de los niños podía levantarlos todo el recorrido hacia arriba y ellos se equilibraban, pero ella no lo conseguía y se dejaba caer. De modo que un día decidí probar algo. Empecé preguntándole:

—Sommer, ¿cuál es el nombre del libro de papá?

—*Lo verás cuando lo creas.*

—Bien, ¿lo crees?

Le dije:

—Vamos, quiero oírlo. ¿Lo crees?

—¡Lo creo!

—¿Qué es lo que crees?

—¡Que no puedo hacerlo! —dijo ella.

Entonces continué:

—¿Te ves a ti misma haciéndolo? ¿Puedes equilibrarte? ¿Tienes la capacidad de hacer eso?

—Puedo hacerlo, ¡puedo hacerlo!

—De acuerdo —dije.

Y, sin duda, cuando volví a elevarla, ella se equilibró sin ningún problema en absoluto. Lo único que tuvo que hacer fue cambiar su manera de pensar.

Asimismo, ¿cuál crees que es la diferencia entre un niño que sabe nadar y otro que no sabe? ¿Crees que en el momento en el que un niño sabe nadar, de repente tiene capacidades físicas que antes no tenía? No, lo que tiene es una nueva creencia, y simplemente actúa a partir de ella. Lo mismo es válido para montar en bicicleta o cualquier otra cosa de este tipo. Se produce un cambio en el pensamiento y lo físico se adapta a él. O, como dicen los sufíes: "Si no tienes un templo en tu corazón, nunca encontrarás tu corazón en un templo". Lo que estoy diciendo aquí es que hemos de entender que aquello en lo que piensas se expande. Cada pensamiento que tienes es lo que es tu humanidad, y cada pensamiento que tienes ya está aquí.

Llevar el pensamiento a la forma

A la hora de llevar un pensamiento a la forma, debes estar dispuesto a hacer lo que haga falta. Habrás notado que no he dicho que haya que trabajar duro, que tengas que luchar, que tengas que pelear, que tengas que salir ahí fuera y ponerte las cosas muy difíciles. Las palabras clave en esta filosofía son *estar dispuesto*. Debes estar dispuesto.

Escúchalo de alguien que siempre ha estado dispuesto a hacer lo que hiciera falta. De niño pasé años en un orfanato y en hogares de acogida, y yo era el que estaba dispuesto a hacer lo que fuera necesario para que aquellos fueran días agradables para mí y para todos los niños que estaban allí conmigo, incluyendo mi hermano mayor. Cuando escribí *Tus zonas erróneas*, se me dijo: "No tenemos presupuesto para publicidad", y "No, no podemos enviarte de gira a presentar el libro", y así sucesivamente. A lo largo de mi vida, cada vez que alguien me decía no, siempre le daba las gracias en mi corazón porque eso me daba ímpetu, espoleaba mi voluntad de hacer lo que fuera necesario para lograr mi objetivo.

En el caso de *Tus zonas erróneas,* esto es lo que estuve dispuesto a hacer: pasar dos años de mi vida vendiendo copias de mi libro por todo Estados Unidos. Se me dijo que el único modo de hablar con todo el mundo en mi país era ir a los grandes programas de televisión, pero esos programas no habían oído hablar nunca de Wayne Dyer. De modo que descubrí que hay otro modo de hablar con todo el mundo, y es ir a ver a todo el mundo. Intenté participar en cualquier programa local de radio o televisión que hubiera, en lugares de todo el país. En aquel tiempo, había muchos programas locales, como *AM Columbus* o *Good Morning, Jacksonville* que te entrevistaban si habías creado una nueva salsa de aguacate. Me sentía feliz de salir en estos programas; llevaba copias de mi libro allí donde iba y las vendía yo mismo.

Hice simplemente lo que sentí que tenía que hacer para llevar mi mensaje ahí fuera, y no me dije que tuviera que esforzarme ni que podía fracasar. Después de todo, el fracaso es un juicio editorial impuesto por otros. Las personas sin límites no creen en este tipo de juicios ajenos: solo escuchan sus mensajes positivos internos.

Sé un idealista

Probablemente te han dicho que es idealista vivir la vida desde la perspectiva del yo superior. Se te pide que seas realista con respecto a lo que puedes y a lo que no puedes hacer, y con respecto a cuáles tienen que ser las limitaciones de tu vida. Ser idealista es algo que se critica mucho en nuestra cultura, con frases como "Eres un soñador idealista", dicho como insulto.

Me encanta esta cita de William Blake, que es uno de mis poetas favoritos de todos los tiempos: "Si se limpiaran las puertas de la percepción, todo aparecería tal como es: infinito". ¿Puedes imaginar que tu realidad fuera así, que todo fuera infinito? Cuando cultivas este tipo de conciencia, tu realidad ya no está definida por el mundo físico. Este es el tipo de realidad que te estoy pidiendo que examines. Es en lo que pienso todo el tiempo. En el más pequeño de los niveles cuánticos, todo es solo energía; y en un mundo en el que todo es energía y no hay forma, lo que observas es lo que tú creas. Siempre me ha gustado lo que dijo la antropóloga Margaret Mead: "Nunca dudes ni por un momento de que un pequeño grupo de individuos comprometidos puede cambiar el mundo. Ciertamente, es lo único que lo ha cambiado alguna vez". Lo diré una vez más: si puedes concebirlo en tu mente, puedes crearlo en tu vida.

El corolario de esto es que si no puedes concebir algo en tu mente, entonces no puedes crearlo en tu vida. Para poder crear una existencia magnífica, libre y sin límites primero debes ser capaz de concebirla. Si eres un realista que dice: "Solo puedo prestar atención a lo que percibo a través de mis sentidos, a lo que puedo sentir, tocar, gustar y oler", entonces estás destinado a permanecer insatisfecho. Por ejemplo, cuando estoy a punto de salir al escenario y ahí fuera hay miles de personas esperando, siento nervios. Pero entonces surge en mi mente la imagen de mí mismo siendo capaz de salir y actuar en directo delante del público sin usar apuntes, y estoy bien.

Cuando mi hija Skye tenía doce años, se preparaba para cantar delante de mucha gente por primera vez en su vida. Era un momento muy emocionante y exquisito para ella, pero tenía miedo. Entonces le pregunté:

—Sé que estás emocionada y nerviosa, pero, ¿puedes verte a ti misma cantando?

—Sí —dijo ella—, realmente puedo.

—Entonces lo único que tienes que hacer es mantener esa imagen en tu mente. El resto, todos los detalles, ya irán ocurriendo —le aseguré.

Y todo le salió maravillosamente. Si dices cosas del tipo: "Nunca he hecho esto antes. Esto es completamente nuevo para mí, de modo que no voy a ser muy bueno en ello. Probablemente me caiga o me olvide del texto", te conviertes en ese realista que dice: "Solo soy un ser humano". Te impones todo tipo de limitaciones, y eso se convierte en la maqueta o modelo que aplicas al resto de tu vida.

No seas el arquitecto que confía en una maqueta limitada. Más bien, lo que quieres decir es: "Sí, soy idealista. Por supuesto que creo que es posible la paz en el mundo". ¿Podríamos crear un mundo sin armas nucleares y en el que todos estemos en paz con personas que creen que eso es imposible? ¿Cómo iba a poder funcionar? Tenemos que ser idealistas.

Thomas Edison fue un gran idealista: "Sí, podemos iluminar el mundo". Alexander Graham Bell fue un idealista: "Por supuesto que podemos comunicarnos unos con otros por medio del teléfono". Si eres realista, eres eso que se te ha dicho una y otra vez: "Estas son tus limitaciones". Recuerda que eres el observador, el testigo Divino. Tú eres el que está observando cómo transcurre todo esto, sabiendo que no hay límites ni fronteras en el camino hacia la iluminación.

Para convertirte en idealista, primero tienes que confiar en tu propia intuición. Afirma en silencio que a partir de ahora vas a ser tú quien defina tu realidad, y que tu definición se basará en tu sabiduría interna. Cuando llegas a confiar en ti mismo, estás confiando en la sabiduría que te creó. Tu intuición es una cosa increíblemente poderosa. Cuando permites que sea la fuerza que rige tu vida, retiras todo el pesimismo "realista" que te retiene, confina y restringe.

En mi libro *La sabiduría de todos los tiempos* explico que: "Si la oración eres tú hablando con Dios, entonces la intuición es Dios hablándote a ti". Este conocimiento intuitivo, esta motivación interna, este empuje direccional por ciertos caminos, es en realidad Dios hablándote a ti. Cuando ignoras esa intuición, pagas un alto precio.

Todos hemos tenido ocasiones en las que hemos ignorado nuestra intuición, y más adelante decimos: "Sabía que debería haber dicho que no. Sabía que no debería haber hecho eso", y esto nos lleva a tener una actitud derrotista. Pero, antes o después, nos descubrimos llegando a un punto en el que ya no ignoramos nuestra intuición. Empezamos a colaborar con Dios en lugar de luchar contra Él.

Piensa en algo en lo que hayas creído antes de que te dijeran que era imposible. Recuerdo, por ejemplo, que en un momento dado creía que era muy bueno en dibujo. Más adelante, cuanto estaba en cuarto grado, un profesor se acercó a mí y me dijo: "Ese es el peor dibujo que he visto nunca. No eres bueno en esto". A día de hoy, muchos años después, todavía llevo conmigo esta idea tonta con respecto a mi habilidad para dibujar que alguien me dijo cuando estaba en cuarto grado.

Repasa todas las cosas en las que has creído, tal vez creencias religiosas que te fueron transmitidas, o cosas que has leído o que te han enseñado, y que te han influido y ahora te llevan a admitir: "Tal vez esto haya hecho que tenga la mente muy cerrada". Comienza a examinarlas y di: "Nada tiene que ser imposible para mí a partir de hoy. Voy a soltar todas estas antiguas ideas". Si hicieras una lista, probablemente podrías encontrar cien cosas que tachar sistemáticamente al darte cuenta de que ya no tienen que dirigir tu barco ni influir en ti. A continuación, me gustaría que practicaras la experimentación de tu nueva realidad. Mantén una visión de lo que quieres que ocurra, o de alguien a quien quieres conocer: cualquier cosa que sea importante para ti. Enfócate en que eso se manifieste en tu vida. Haz un seguimiento de todas las pequeñas cosas que llevarían a su manifestación. Después de algún tiempo notarás que desempeñas el papel de cocreador de tu realidad. Es posible que te lleve algún tiempo hacerte más idealista con respecto a tu habilidad para crear el tipo de ser que quieres ser, y para ver que lo que quieres aparece en tu vida, pero ocurrirá siempre que mantengas esa visión interna centrada frente a ti.

EJERCICIO DEL DIARIO

Haz el trabajo que me propuso Milton Kavinsky: encuentra un día en el que puedas reservar tres horas y media, y observa qué ocurre cuando escribes durante todo ese tiempo sobre quién eres sin usar ninguna etiqueta. ¿Qué te ayuda a ver este ejercicio? ¿Cómo puedes llevar esa poderosa presencia a la primera línea de tu vida para poder manifestar más eficazmente tus deseos en la forma?

SEGUNDA PARTE

VERDADERO ÉXITO

El éxito no es la llave de la felicidad.
La felicidad es la llave del éxito.
Si amas lo que haces,
tendrás éxito.

—Albert Schweitzer

CAPÍTULO 5

CONSULTA TUS SEÑALES INTERNAS

En la mente de la gente, la idea de éxito a menudo está vinculada con la felicidad. Es verdad que ambos son conceptos internos: algo que tú eres. Cuando tienes el éxito dentro de ti, lo llevas a cada cosa que haces en la vida. Lo llevas a tus hijos; no consigues el éxito criándolos de la manera "correcta". No consigues el éxito al cerrar el trato, sino que lo llevas a cada aspecto del trato. No lo consigues preocupándote por tu comisión o por tu cuota; lo consigues concentrándote en tu cliente. Te olvidas de todas las cosas que vas a obtener y te dedicas a disfrutar de todo lo que vas descubriendo a lo largo del camino hacia la iluminación. Si sales ahí fuera y te esfuerzas por vivir tu vida tal como la eliges, haciendo de cada día un milagro, el éxito llegará a tu existencia en cantidades más grandes de lo que nunca podrías haber anticipado.

Hay una pequeña y hermosa parábola que ilustra lo que estoy diciendo aquí: un viejo gato y un pequeño gatito están en un callejón. El gatito persigue su cola, y el gato viejo viene hasta él y le pregunta:

—¿Qué demonios estás haciendo?

—He estado en la escuela de filosofía para gatos —responde el gatito— y he aprendido que hay dos cosas en el mundo que son importantes para un gato: la primera es que lo más importante es la felicidad. La segunda es que la felicidad está localizada en nuestra cola. De modo que he pensado que si persigo mi cola hasta que por fin pueda alcanzarla, obtendré la felicidad eterna.

—¿Sabes? —replica el gato—, yo no he tenido la oportunidad de ir a la escuela de filosofía para gatos como tú. He vagabundeado por los callejones toda mi vida. Pero hay algo realmente asombroso: he aprendido lo mismo que tú. Sé que lo más importante para un gato es la felicidad, y ciertamente está localizada en mi cola. La única diferencia entre tú y yo es que yo he aprendido que si te dedicas a hacer tus cosas y lo que es importante para ti, la felicidad te seguirá dondequiera que vayas.

Lo mismo es válido para él éxito.

Como he dicho, las personas derrotistas obedecen a motivaciones externas. En lo tocante al éxito, miran fuera de sí mismas a las adquisiciones, a los logros, y cosas así. Sin embargo, las personas internamente motivadas hacen lo que es correcto para ellas, y mientras no hagan daño a nadie, está bien. El éxito es algo que se encuentra dentro de ellas.

La persona internamente motivada y sin límites es alguien que, cuando sufre un atropello, si es necesario está dispuesta a afrontar la autoridad establecida para conseguir las cosas que quiere o que cree que son importantes. Para ser este tipo de persona hemos de consultar lo que denomino nuestras *señales internas.* Tú eliges; tú tienes que seguir tu guía en todo momento. No mires a otras personas ni a los factores externos para que te muestren el camino.

Opiniones, reputación y carácter

En lo relativo a lo que piensen los demás, es importante entender que sus opiniones son solo eso: no son necesariamente las mejores ideas y ni siquiera son necesariamente verdad, al menos no son *tu* verdad. No tienen por qué ser otra cosa que el juicio de otra persona. Las opiniones tienen muy poco valor por sí mismas. Lo único que marca la diferencia en el mundo es lo que hacemos con ellas. De modo que, lo que he aprendido a hacer con las opiniones de otros es recordar que no pueden herirme, no pueden destruirme, y no pueden hacer que sea menos de lo que soy como ser humano.

Como las opiniones, la reputación también es un concepto irrelevante. Digamos que salgo a hablar ante mil personas: bien, ahí fuera va a haber mil opiniones. Todas son únicas y diferentes unas de otras, y yo no conozco ninguna de ellas. Supuestamente, esto es lo que constituye mi reputación. Tengo en marcha mil reputaciones, y no tengo control sobre lo que ninguna de esas personas decida hacer con lo que yo diga. Mi reputación no está en mis manos, está localizada en las opiniones de otros.

Terry Cole-Whittaker escribió un libro con uno de los mejores títulos que he visto nunca: *Lo que pienses de mí no es asunto mío*. No podría estar más de acuerdo. No me importa mi reputación. No me interesa en absoluto. Como es algo externo, localizado exclusivamente en otras personas, en realidad no me atañe. Cualquier cosa que yo haga, a cualquier nivel que la haga —tanto si estoy sobre el escenario del Carnegie Hall o sentado con un amigo—, lo que los demás piensen de mí tiene que ver con ellos y con quienes son.

He sido invitado muchas veces a *The Tonight Show*, y cada vez que salía en ese programa recibía cartas de los telespectadores. Digamos que contaba un chiste o hacía un comentario gracioso e inspiraba a cincuenta personas a escribirme sobre ello. Algunos decían: "Fue un chiste muy gracioso. Fue genial, estuviste sensacional". Otros decían: "¿Cómo te atreves a hacer un chiste así? No fue divertido en absoluto". Y también había quienes decían: "Pensé que lo que dijiste no era apropiado. Fue de mal gusto". Aunque todas estas cartas eran distintas, todas ellas eran sobre mi reputación, y ninguna de ellas tenía nada que ver conmigo. Yo estaba contando un chiste y no sabía lo que estaban haciendo los telespectadores. He aprendido a no preocuparme por mi reputación, y, en cambio, a preocuparme por mi carácter. El carácter es interno, y siempre estoy a cargo de él. No puedo encargarme de cómo otras personas van a percibirme, porque eso es su opinión y tienen derecho a ella. Una vez más, no puedo controlarla. Lo único que puedo controlar es mi carácter, que proviene de mis pensamientos y del amor que tengo dentro, no de mi reputación y de lo que otros piensen de mí.

En una ocasión recibí dos cartas sobre uno de mis libros. Una decía que era lo mejor que esa persona había leído nunca, y que le había cambiado la vida por completo. Me atribuía mucho mérito por el gran cambio que se había producido en su existencia después de haberlo leído. El mismo día, en el mismo correo, había otra carta de alguien que me decía que el mismo libro era tan malo que quería que le devolviera el dinero. Entonces, esto es lo que hice: envié una copia de la carta amable a la persona que me había escrito la carta enfadada, y envié la carta negativa a la persona que me había enviado la carta amable. Incluí una nota que decía: "Podrías tener razón" —no "yo tengo razón y tú no"—, y firmé con mi nombre.

Este tipo de ejemplos nos muestran que es absurdo dejarse consumir por lo que piensan otros. Lo que otros piensan es solo eso, y si vives tu vida impulsado por esa motivación externa, nunca disfrutarás del verdadero éxito.

Oportunidades ocultas

Supón que sigues el consejo de otra persona y no te va bien. En lugar de sentirte decepcionado y jugar a culparle, trata de reencuadrar tu pensamiento y de aceptar responsabilidad por tus elecciones. Por ejemplo, si tengo un corredor de bolsa que me aconseja comprar ciertas acciones y estas bajan, no ha sido su consejo el que me ha llevado a comprarlas, *sino el mío propio*. Yo escuché su opinión y me dije a mí mismo: "me gustaría ganar dinero rápido comprando estas acciones. Él dice que van a subir y yo le creo. Las voy a comprar, es mi decisión". No puedo culparle si las acciones bajan. Podría sentir que necesito trabajar con otro corredor, pero me responsabilizo de las pérdidas que he tenido.

Todo lo que te ocurre que consideras negativo, como un fracaso o una pérdida, de hecho contiene una oportunidad oculta de empoderamiento. Las semillas de las soluciones a todos los problemas están en los problemas mismos. La cura siempre está en la enfermedad: un resfriado contiene la posibilidad de trascender ese virus. El alcoholismo contiene la semilla de trascender algo con respecto a ti mismo que antes te estaba controlando. Esta es la razón por la que una de las primeras cosas que hacen los alcohólicos reformados es celebrar su alcoholismo diciendo: "Ha sido lo mejor que me ha ocurrido nunca. Obtener ayuda me ha salvado la vida".

Deberías estar muy agradecido a las personas o circunstancias que sientes que te han causado los mayores disgustos de tu vida, porque son las que te están obligando a examinarte más a fondo. No es lo que afrontas lo que te controla, puesto que has lidiado con ello y has seguido adelante. Lo que te controla es lo que *no* afrontas:

la persona con sobrepeso que no afronta su comer compulsivo. El adicto al trabajo que no afronta el hecho de que trabaja demasiado. Las personas en relación que no afrontan los problemas que surgen entre ellas. Si no puedes decir *no* dentro de una relación, finalmente tendrás que decir no a la relación misma. Con esto me refiero a que tienes que establecer ciertas fronteras con las demás personas, incluyendo aquellas a las que más amas, como tu pareja, tus hijos, otros miembros de la familia, tus amigos, etcétera. Debes informarles de que tú tienes que ser tu propia persona, y cuando ellos quieren que seas algo que no puedes ser —porque entra en conflicto con dónde te encuentras en el camino hacia la iluminación— tendrás que decir no. Tendrás que hablar claro: "No, no puedo hacer eso. No puedo ser tu pequeña víctima. No puedo ser tu sirviente. No puedo ser el tipo de persona que tú tratas de controlar, diciéndome cuándo tengo que estar aquí y qué tengo que pensar". Lo creas o no, en realidad esto fortalecerá la relación.

Es muy importante ser capaz de decir no. Puedes hacerlo con amor, dignidad y respeto, así como con firmeza y compromiso. No digas: "Me estás controlando". En lugar de eso, destaca el compromiso que estás haciendo: "Tengo que decir no a estas cosas que quieres de mí porque yo no puedo ser lo que tú crees que debería ser". Entonces nunca tendrás que decir no a la relación misma porque crecerá y florecerá. Una vez más: solo las cosas que no afrontas —las que continúas ignorando, esperando que desaparezcan— son las que controlan tu vida en sentido negativo. Establecer fronteras te ayuda a invertir todo eso para que puedas alzarte por ti mismo pase lo que pase, tanto ante las personas que más te aman como ante aquellas que ni siquiera te conocen.

Imagina que un vendedor te está tratando mal. Dentro de esa relación también puedes decir no: "No, no voy a permitir que me trates así. Creo que eres genial, pero no me puedes hablar así. Voy a recuperar mi dinero", o cualquiera que sea el caso. No tienes que alejarte enfadado y renunciar a lo que quieres. Tienes que ser capaz de actuar con convicción interna, con el amor que *eres*. Sabes que lo que hay dentro de ti es el resultado de lo que piensas. Enséñate a esperar resultados positivos en todos tus encuentros, y procesa tu mundo de tal modo que cuando te encuentres con una situación en la que otras personas tienen opiniones distintas a las tuyas, aproveches esa oportunidad para responder con lo que tienes dentro, y eso siempre es amor.

No puedes dar lo que no tienes. Si no te amas a ti mismo, no puedes mostrarte amoroso con los demás. Por lo tanto, si quieres ser un ser humano sin límites, el juego al que has de jugar es el *autoamor*. Y no tiene nada que ver con el engreimiento. Mucha gente confunde esto, asumiendo que si te amas a ti mismo debes ser un engreído. Has de entender que ser engreído solo es otra forma de buscar la aprobación externa. Si tienes que contar a otros lo genial que eres para poder sentirte bien contigo mismo, entonces estás controlado por su opinión sobre ti. Es como si renunciaras a tu poder personal para gustar a otros, y eso no tiene nada que ver con el autoamor.

La persona sin límites tiene lo que yo llamo "una historia de amor tranquila" consigo misma. Si le preguntas: "¿Te amas a ti mismo?", responderá: "Por supuesto que sí. Amor es lo que soy. Es decir, ¿por qué no habría de amar lo que soy?" El autoamor ya es algo dado. La persona sin límites está tan ocupada siendo ella misma, tan enfocada en su misión y en aquello por lo que está aquí, que ni siquiera nota lo que hacen los vecinos ni lo que los demás dicen de ella. Ciertamente no culpa a nadie de lo que ocurre en su vida: se limita a consultar las señales internas, que siempre vienen del amor.

Conectar en red con amor

Recuerda que la fuerza universal del amor está ahí para cada uno de nosotros en todo momento. Seas quien seas, estés donde estés, y cualesquiera que sean las circunstancias de tu vida —tanto si vives en una mansión como en una prisión, o eres un sin techo—, eso no crea ninguna diferencia. Tú eres Divino. Tú eres parte de la Divinidad y de la perfección del universo. Si tratas de conectar con eso, apuesto a que verás que se producen cambios verdaderamente dramáticos en tu vida. No puedo garantizar que esto vaya a funcionar para ti, por supuesto. Lo único que sé es que todas las personas de las que he oído hablar que han probado la ruta del amor han descubierto que lo que llamaban problemas dejan de estar ahí.

Pensemos en qué ocurriría si lleváramos la fuerza universal del amor a nuestra cultura comercial y de los negocios. Tal como es ahora, la estructura de poder generalmente va de arriba abajo y fluye hacia abajo: comienza en lo alto con el jefe, después baja a los vicepresidentes, y así sucesivamente, todo el recorrido hasta los empleados y los interinos. Aquí el propósito es conseguir tanto poder como sea posible, y las personas lo acumulan constantemente para poder ascender por la escalera y llegar "a lo más alto". Pero existe otro cuadro del flujo organizacional que opera en el universo, que recibe el nombre de *conexión en red* y guarda relación con el amor. Aquí, cada persona trata de dar su poder, no de acumularlo. Todo el mundo trabaja por el mismo objetivo: ayudar a los demás dentro de la organización. Aquí nadie quiere ningún poder. En cuanto das algo de poder a alguien, ese alguien dice: "No, no es para mí", y se lo pasa a otros. La conexión en red es una manera sobresaliente de conseguir que se hagan las cosas. Es como un planteamiento de vida en el que prima la transmisión de boca a oído: si tienes una idea, regálasela libremente a otra persona, y entonces esa persona la toma y se la pasa a otra, y así sucesivamente. Este proceso de extender las ideas hacia fuera puede influir en el mundo entero, de modo que procura conectar continuamente en red con todos. En lugar de intentar acumular poder, de conseguir que otras personas hagan cosas para ti o de organizar a los demás para que estén linealmente por encima o por debajo de ti, considera a todos como iguales e igualmente capaces de contribuir. Así es como me veo a mí mismo.

Cada vez que regalo un libro, siento que estoy trabajando en red. Como he mencionado, no hago nada de esto por dinero: me encanta hacerlo y marcar la diferencia en la vida de la gente. Cuando hablo a una organización, pregunto:

—¿Vas a transcribir mi charla en el ordenador?

A menudo se ponen muy nerviosos y me dicen:

—Bueno, pensábamos hacerlo, pero no estamos seguros.

—¿Por qué no usas una grabadora —respondo yo—, y poder poner así lo que diga a disposición de todas las personas de la organización como herramienta de formación? No te va a costar nada y el proceso de producción no es complicado.

En casos así suelo pensar en lo bueno que es trabajar en red: si eres auténtico y hablas de algo que es bueno, hermoso y que va a ayudar a mejorar la calidad de vida de la gente, quieres que lo escuchen cuantos más mejor. En realidad, esta es una situación en la que todos ganamos, y siento que cuando alguien oye una grabación mía y se la pasa a otra persona, hay muchas posibilidades de que esa otra persona diga: "Oye, ¡esto es muy bueno! Creo que voy a comprarme estos libros". Aunque este no sea mi propósito al hacerlo, todo vuelve multiplicado por diez.

Por supuesto, todo el mundo tiene que ganarse la vida y no hay nada malo en ello. Todos los que producen mis productos, desde los editores hasta el personal de marketing, los diseñadores, los empaquetadores y el personal de almacén, van a conseguir algo con ello. Cada vez que reparten uno de mis productos también están participando en este trabajo en red, porque alguien va a mejorar su vida, y se lo contará a otra persona, y así sucesivamente.

Así es como funciona la organización en red. No piensas en ti mismo; lo regalas todo. Sin embargo, cuanto más das, más te vuelve. Ahora bien, es importante indicar que si solo das algo para que te vuelva algo a ti, nunca tendrás suficiente. Siempre querrás más, porque estarás atrapado en la mentalidad de escasez. Si sabes que ya tienes suficiente, y lo aprecias mucho, entonces, paradójicamente, irá llegando más a tu vida.

Realmente esto es la iluminación o la conciencia superior: lo que tengo es suficiente. Tengo todo lo que necesito para disfrutar ahora mismo de una paz y felicidad totales y completas. Todo lo demás que reciba es un extra. Así es el funcionamiento en red, y puedes trabajar amorosamente en red en todo momento.

Tu valía y tu valor

Tu valor no viene de tus logros. Tu valía como ser humano no viene determinada por si ganas o no. Si tienes que ganar para poder tener valor, alguna otra persona tiene que perder, y esa otra persona que pierde determina si tú eres un ganador o no. Y si ella no coopera, entonces tú eres el perdedor.

Si siempre estás comparándote para determinar tu valor, estás renunciando a tu valía como persona y poniéndola en manos de otros, de los que esperas que no ganen tanto dinero como tú, o que no tengan tantos clientes como tú. ¿Entiendes que ahora estas motivaciones externas están controlando tu vida? Si alguien consigue una cuenta más que tú, ¿te convierte eso en perdedor? No.

Tú eres lo que crees con respecto a ti mismo. Tu valía solo viene de lo que eliges pensar, y tú tienes la voluntad y la capacidad de pensar cualquier cosa que quieras. Eso es tuyo. Nadie puede quitártelo. Siempre puedes pensar lo que quieras, tal como lo elijas. De modo que, en lugar de seguir estando dirigido desde fuera, aprende a escucharte únicamente a ti mismo en cuanto a cómo dirigir tu vida. Esto no tiene nada que ver con abusar de alguna otra persona, desear el mal a otros, pisar a nadie ni nada parecido.

Lo más importante que puedes aprender en la vida es un sentimiento de aprecio por ti mismo. Es muy importante que entiendas que eres único, y al mismo tiempo que formas parte de la totalidad del universo. Es decir, todos estamos relacionados en algún sentido —si uno de nosotros está muriéndose de hambre en el planeta, todos estamos muriéndonos de hambre—, y sin embargo sigues siendo especial en este mundo. Debes llegar al punto en el que puedas fusionar esa dicotomía y decirte a ti mismo: "Soy al mismo tiempo masculino y femenino. Soy capaz de hacer lo que puede hacer un hombre y lo que puede hacer una mujer, por lo tanto no tengo que preocuparme de si hago algo masculino o femenino. Puedo ser amable; puedo llorar. En mi posición de tener razón con respecto a lo que creo, también hay sitio para escuchar lo que otros tengan que decir, e incluso para estar dispuesto a cambiar mi creencia. En mi posición de ser único y especial, también hay mucho sitio para formar parte de la totalidad de la humanidad".

Entiende que, mientras estás sentado aquí y ahora, nadie ha pensando nunca lo que tú estás pensando. Nadie ha ocupado nunca el espacio que tú ocupas. Trata de entender verdaderamente lo que los filósofos llaman la "soledad existencial": que estás solo en el universo, y que debes experimentar esa soledad de tal modo que nunca te permitas sentirte triste o deprimido debido a ella. Nadie puede ponerse nunca detrás de tus globos oculares y sentir lo que tú estás sintiendo, experimentar lo que estás experimentando, excepto tú. Puedes estar en una habitación llena de gente y, aun así, estar solo. Podrías estar haciendo el amor con la persona que más adoras en el mundo y, aun así, estar solo. Siempre estás experimentando las cosas a tu manera única y especial.

En la totalidad del tiempo, nadie puede llegar a entenderse a sí mismo, a entender el universo y lo que significa ser una persona sin límites, a menos que llegue a ese punto denominado *paz interna*. Y esto es algo que nunca se puede obtener de fuera, solo puedes experimentarlo en tu interior. Aprender a sintonizar con lo especial que eres y a consultar tus señales internas ayudará a señalarte el camino hacia el éxito genuino y duradero.

EJERCICIO DEL DIARIO

¿Qué cosas han representado el éxito para ti hasta ahora? ¿Una casa bonita, un buen sueldo, un armario lleno de ropa o ser el primero en tener el último dispositivo electrónico? Anota todo esto en tu diario. Después tómate unos minutos para visualizar una nueva versión del éxito que obedezca a una motivación interna. ¿Cómo podrías no ser el gatito que persigue su propia cola? Anota eso también y mira qué es lo que más resuena contigo ahora.

CAPÍTULO 6

SÉ UN AFIRMADOR, NO UN NEGADOR

Hace no mucho, un querido amigo mío descubrió que tenía un tipo de cáncer severo para un hombre de su edad. Después de compartir el diagnóstico, el médico le dijo:

—Tienes quince segundos para decidir si este cáncer va a derrotarte o si tú lo vas a derrotar a él. Tienes quince segundos. Si crees que es "imposible, no puedo hacerlo, no es justo", y te tensas y te disgustas; si estás molesto y te dices a ti mismo que esto no debería haber ocurrido y te preguntas "¿por qué yo?", entonces vas a ser una víctima más. Pero si de algún modo puedes meterte en la cabeza la idea de que tienes una oportunidad de hacer algo al respecto, y que tal vez sea una de las mayores pruebas que has afrontado en tu vida, tendrás una oportunidad de superarlo.

Mi amigo decidió instantáneamente que iba a superarlo, y eso fue exactamente lo que hizo. Esta historia conmovedora me hace recordar que dentro de cada uno de nosotros reside la capacidad de hacer las cosas más tremendas.

El cerebro es un instrumento increíble. Sí, esa cosa que llevamos con nosotros cada día entre las orejas es muy vasta, tiene una gran capacidad y un alcance inmenso, y está compuesta por *trillones* de células. Es capaz de tomar millones de decisiones, y de almacenar hechos y experiencias de toda una vida en su banco de memoria. Tiene la capacidad de aprender a calcular y de recordarlo, de hablar distintos idiomas y de hacer casi cualquier cosa que le pidamos. De hecho, en una ocasión se estimó que si quisiéramos reproducir en un ordenador el cerebro humano y todo lo que es capaz de hacer, necesitaríamos una extensión de terreno del tamaño de España para albergar dicha máquina. Imagínatelo. ¿Has cruzado alguna vez la península? Hace falta todo un día yendo a ciento diez kilómetros por hora para atravesarla de un lado a otro. Es una extensión de terreno muy grande, y esto ilustra verdaderamente las capacidades del cerebro humano.

Tienes este ordenador magnífico, pero, ¿cuánto de él usas? Si tienes suerte, tal vez la extensión equivalente a un barrio de Madrid. ¿Y cuánto mérito le atribuyes por ser capaz de hacer lo que hace? Puede hacer cualquier cosa. Depende de tu voluntad. Es tu vida. Todo está ahí, en ese ordenador del que solo usas un fragmento. Ya es hora de cambiar eso.

Con frecuencia me he preguntado por qué tantos de nosotros ignoramos nuestra capacidad intrínseca para la grandeza, y nos permitimos quedarnos empantanados en la vida de cada día. Creo que esto tiene que ver con el cultivo de la negatividad; las personas buscan cosas por las que sentirse tristes. Por ejemplo, yo nunca he pensado en el desempleo en toda mi vida. Puedo pensar en las historias que he oído en mi familia sobre la Gran Depresión, y muchas personas con las que he hablado lo pasaron muy mal en esa época, pero consiguieron dejarla atrás. Me gusta enfocarme en aquello de lo que somos capaces, aunque, a lo largo de los años, mucha gente ha intentado enseñarme lo limitados que aparentemente somos. Yo no lo creo.

He descubierto que los individuos más sobresalientes que he conocido acostumbran a decir siempre que "sí": son personas a las que les gusta el mundo y todo lo que hay en él. Y como en el caso de usar más de la capacidad de nuestro cerebro, también podemos aprender a decir sí a casi todas las cosas de la vida.

Usar una bolsa o dos bolsas

Cuando era joven, trabajé durante muchos años en un supermercado metiendo la comida en bolsas. A día de hoy, cuando entro en cualquier supermercado, observo la técnica de estos chicos que meten los productos en las bolsas. Mientras espero en la cola, suelo ver al que denomino "el chico que llena una bolsa". Es la persona que abre la bolsa cautelosamente, toma un bote de guisantes, lo estudia y lo mete dentro. Entre tanto, los productos se van acumulando en la cinta transportadora. La cajera tiene que detener su trabajo, que es cobrar al cliente, para ayudarle a hacer *su* trabajo. Es casi como si su actitud fuera: "No hay cajera en el mundo a la que yo no pueda obligar a detenerse para ayudarme". Después de todo, para él eso no establece ninguna diferencia. Él trabaja a su paso, que es *lento*, y mantiene una actitud indiferente, que también es característica de su planteamiento de vida.

Después me fijo en el otro muchacho, al que llamo "el que llena dos bolsas". Él empaqueta comestibles para dos cajeras. Va de un lado al otro y es amable con todos los clientes, les pregunta cómo les va, etcétera. Entre tanto, empaqueta rápida y eficazmente: no aplasta los huevos ni el pan. Llena la bolsa y la deja en el carrito del cliente, y a continuación hace lo mismo para la otra cajera, para más adelante volver a la primera. Es como si compitiera consigo mismo. Yo siempre he sido de los que empaquetan para dos cajeras, y todavía lo soy. De hecho, no dejo que nadie toque mis productos. Quiero empaquetarlos a mi manera, quiero meterlos en la bolsa de inmediato, y no me gustaría ser el cliente que tiene que quedarse allí esperando que la vida del empaquetador mejore antes de poder disponer de sus comestibles. Solía considerarme el campeón del mundo de los empaquetadores, y no había dos cajeras en el mundo que pudieran mantener mi ritmo. A veces, llegaba a retar a las tres cajeras más rápidas, diciéndoles: "Puedo empaquetar para vosotras tres durante todo el día sin que ningún cliente tenga que recoger una bolsa".

Y te digo que ahora mismo puedo predecir cómo va a ser la vida del primer chico: va a seguir limitándose a llenar una bolsa y seguirá siendo derrotista toda su vida. Seguirá siendo "empaquetador", o se convertirá en algo equivalente, y cuando vaya a casa contará a su esposa lo podrido que está todo, puesto que le han pasado por alto para un promoción, y que en realidad el jefe le tiene manía, y no ha conseguido el mismo aumento de sueldo que todos los demás, y todo el mundo le discrimina, y no es justo, ¡cómo se atreven a tratarle así! Se va a sentir muy insatisfecho, y será un experto en tener razón.

Tendrá mucha razón en cuanto a lo que él es y a lo que dice porque se convencerá de que "todo el mundo y todas las cosas ahí fuera son la razón por la que yo soy como soy. No tiene nada que ver conmigo ni con mi actitud hacia el trabajo y hacia lo que hago. Ahí fuera hay una conspiración para impedirme avanzar en la vida.

Ellos no quieren que lo consiga". Por desgracia, los que tienen esta actitud raras veces cambian. En el caso típico, no entienden cómo responder hábilmente a la vida a fin de hacer otras elecciones mejores.

Por otra parte, el chico que empaqueta para dos cajeras probablemente acabará siendo propietario de cuatro o cinco cadenas de tiendas de comestibles. Como mínimo, nunca se permitirá sentirse derrotado; pasará por la vida con una actitud mental de crecimiento, probando todo tipo de cosas. Para él no existirá el desempleo: pase lo que pase en la economía, no permitirá que eso le ocurra a él. Si le despidieran mañana, es el tipo de persona que saldría a presentarse a cien trabajos. Y si le rechazan cien veces, presentará otras cien solicitudes, y continuará haciendo lo mismo hasta que consiga el puesto que desea. Se trata de ese escaso tipo de persona que crea sus propias oportunidades.

Ahora bien, ¿cómo se explican las diferencias entre estas dos actitudes? Esto es un gran enigma para mucha gente. Aquí tenemos a dos individuos que superficialmente parecen iguales —tienen la misma paga, el mismo número de ratos de descanso durante el día, la misma edad y formación—. Entonces, ¿cómo se explica que uno empaquete para una cajera y el otro para dos? ¿De dónde viene esto? ¿Se trata de saber aprovechar las oportunidades, del talento o de la educación? No, no tiene nada que ver con eso, ni con el tipo de cosas que siempre buscan los científicos sociales.

La diferencia está en la perseverancia, el empuje y las ganas de sentirse orgulloso de sí mismo: si alguien tiene eso, no importa lo que haga. Los que empaquetan para dos cajeras están motivados internamente y operan desde una sensación de paz y serenidad.

Como ves, pagar las facturas, tener un buen trabajo y mantener a una familia son cosas geniales, pero no son la avenida que te llevará a la paz interna. Si buscas la paz en lo que hace alguna otra persona, incluyendo a tus hijos, o si buscas la paz porque haces lo que se supone que tienes que hacer y has acumulado unos buenos ahorros, siempre buscarás la fuente de tu satisfacción fuera de ti. Si no miras dentro, no la encontrarás; no está fuera. Tiene que haber un nuevo conjunto de reglas que te ayuden a avanzar, que te hagan la vida un poco más fácil y agradable. Las antiguas reglas te enseñan a ser feliz enfocándote en lo externo, en agradar a otras personas o en hacer lo que otros te dicen que hagas. Si quieres paz interna, tienes que hacer lo opuesto: tienes que consultar contigo mismo y agradarte a ti mismo, y no puedes mostrarte cauto. Has de tener la actitud de quien dice sí, del afirmador.

Guía hacia el éxito del afirmador

Las personas derrotistas y tendentes a decir "no" tienen mucho miedo a lo desconocido. Tienen miedo de hacer cosas diferentes, y de aventurarse en territorios donde nunca han estado antes. Quieren sentirse seguras. No quieren asumir riesgos. Protestan y se quejan de cualquier cosa que represente un cambio, pues eso les da mucho miedo. Tienen miedo de las ideas nuevas, y trabajan muy duro para quedarse con lo que les es familiar.

Los que prefieren decir "no" están cargados de prejuicios, que en la mayoría de los casos no se basan en nada real. Suelen aferrarse a la idea: *Si no conozco a nadie ahí fuera, o si algo es nuevo, lo rechazo inmediatamente porque me da miedo.* Una vez más: todo se reduce al miedo a lo desconocido. No quieren probar a vivir en una nueva ciudad, aunque allí haya grandes oportunidades. No cambian de profesión en cierta etapa de su vida porque les da demasiado miedo fracasar. En lugar de afrontar la posibilidad de fracasar, se mantienen en lo que les es familiar. Hacen esto en sus relaciones, con sus amigos, e incluso en el tipo de restaurantes que visitan. Comen en los mismos lugares una y otra vez, donde la carne se cocina de la misma manera, y nunca prueban un tipo de cocina que no les sea familiar: no porque no les guste, sino porque lo desconocido simplemente representa algo de lo que mantenerse alejados.

La mayoría de la gente acepta lo desconocido y no se siente intimidada ni inmovilizada por ello. Cuando se presenta el cambio, lidian con él eficazmente y no dejan que les deprima. De vez en cuando prueban algo nuevo, pero su círculo de amigos tiende a pensar, actuar y comportarse del mismo modo que ellos. Tienden a asociarse con personas de mentalidad parecida que disfrutan de las mismas actividades. Tal vez a todos les guste jugar a mah-jongg, o a todos les guste escalar en roca, o tal vez les gusten el mismo tipo de libros y películas.

No hay nada malo en disfrutar de las personas que comparten nuestros intereses. Sin embargo, con ello puede venir la aceptación de: "Mis amigos son personas con las que comparto cosas que tenemos en común. Ese es el tipo de amigos que tengo". No estoy menospreciándolo; más bien, quiero ilustrar la diferencia entre la mayoría de la gente, que es abierta y acepta, y las personas derrotistas que tienen mucho miedo.

Después está el que siempre dice sí, el afirmador sin límites, que da la bienvenida a lo desconocido. De hecho, parece que le emociona tanto, que incluso sale a buscarlo. La persona sin límites no exige una planificación previa: no tiene un plan, ni muchos objetivos o requisitos específicos que tenga que conocer de antemano en cuanto a cómo van a salir las cosas. No se siente intimidado por nadie porque no tiene ese tipo de prejuicios. No prejuzga nada ni a nadie. Tiene la mente abierta con respecto a las cosas, y ningún prejuicio en absoluto. La persona derrotista nunca soñaría con intentar aprender un idioma extranjero, por ejemplo. Dice cosas como: "No puedo hablar un idioma extranjero porque no lo estudié en el instituto". Se ha olvidado de que tiene de sesenta a setenta años por delante para hacer lo que desee, incluyendo aprender otro idioma.

A los noventa años, la persona sin límites verá una lista de clases de idiomas extranjeros y dirá: "Creo que me gustaría aprender inglés. Nunca lo he hablado antes". Y se apuntará para probar algo nuevo.

Aquí hay otra historia que ilustra la diferencia entre estos dos tipos de personas: dos tipos están hablando en un bar de *delicatessen* en Nueva York. El camarero les presenta el menú, y les dice que la especialidad de la casa es el bocadillo de lengua.

El primero dice:

—¡Qué asco! ¿Cómo se puede comer lengua? Me pongo enfermo solo de pensar en ello. No veo cómo una persona civilizada pueda comer algo procedente de la boca de un animal.

El camarero le dice:

—No tiene usted que elegirla. Puede tomar cualquier otra cosa. ¿Qué va a tomar?

—Tomaré mi bocadillo habitual de ensalada con huevo, con mucha mayonesa.

Como dijo una vez Albert Einstein, que era una persona que se movía todo el tiempo en lo misterioso y lo desconocido: "Lo más bello que podemos experimentar es lo misterioso". Imagina que dependiéramos de la gente derrotista para progresar cuando sabemos que ese avance implica explorar lo desconocido. Vuelve a la era de los exploradores y piensa en los derrotistas diciendo: "Uy, tú no me engañas. No voy a irme de aquí para caerme por el borde de la tierra". ¿Qué hubiera pasado si no hubiera habido alguien que dijera: "Tal vez la tierra no tenga un borde, vayamos a averiguarlo"?

No puede haber progreso si sigues haciendo las cosas como siempre las has hecho. Mientras quieras seguir siendo como eres, mientras quieras seguir con lo familiar y no probar nunca nada nuevo, por definición será imposible crecer.

Las personas sin límites se sienten animadas por lo desconocido. ¿Cómo puedes convertirte en esa persona afirmadora que dice sí? Tal vez puedas emprender un viaje sin mapa. Cuando vayas a un hotel y no tengan sitio para dormir, ve a alguna otra parte. O duerme en el coche, o bajo las estrellas. O simplemente ve al oeste: es decir, cada vez que des un giro, asegúrate de ir hacia el oeste. Algunos de vosotros podríais estar pensando: "¿Qué? Este hombre está loco". Pero inténtalo, sabiendo que allí donde acabes vas a estar bien.

Camina descalzo por el parque o haz el amor en la playa. Sea lo que sea, asegúrate de hacer algo de manera diferente de como siempre lo has hecho. Cambia tu lugar de vacaciones; no vuelvas al mismo lugar de los últimos veinte años, quedándote en la misma habitación y en la misma cama.

Algunas personas se pasan la vida evitando lo desconocido. Aunque sienten que tienen razón en su mente, no tienen una sensación de paz interna. Y nunca la tendrán si no están dispuestos a probar cosas nuevas.

La importancia de la motivación interna

¿Qué crees que haría la persona sin límites si llegara a una fiesta y descubriera que todo el mundo se ha vestido de etiqueta, mientras ella va vestida de manera informal? Ni siquiera se daría cuenta. No se enfoca en las apariencias externas, en lo que los demás llevan puesto ni en el aspecto que tienen; entiende que vestirse es simplemente algo que uno hace. Y lo hace basándose en lo que le apetece ponerse. Ahora bien, esto no quiere decir que esa persona se vaya a presentar en una recepción formal con zapatillas de deporte o en taparrabos. Después de todo, eso le convertiría en una persona que trata de impresionar a los demás con su originalidad: en este caso, las impresiones de los demás siguen controlándola. La persona sin límites siempre responde a la motivación interna, y este es el concepto importante aquí. No se viste en función de qué van a decir, pensar, sentir o hacer los demás, ni de cómo se vistan otros; se viste en función de lo que tiene sentido para ella. Cuando llega a alguna parte, no dice: "Oh, Dios mío, tú vas en vaqueros y yo no", o "Oh, tengo que ir a casa a cambiarme para poder ir como los demás". Además, alguien tendría que avisarle porque ella no se daría cuenta.

Esto es muy distinto de lo que oirás decir a los supuesto expertos sobre lo imperativo que es que te preocupe cada prenda que llevas puesta: dicen que es tan importante que, si no llevas puesto el atuendo adecuado, ¡no deberías molestarte en salir!

Este tipo de cosas nunca han tenido mucho efecto en mi vida. Me refiero a que si me presento en alguna parte y todo el mundo va vestido de otra manera, no le presto atención. Disfruto igualmente de la comida, y eso es todo. Si quieres vivir al nivel más alto, el concepto de pasar por alto y no darse cuenta es verdaderamente crucial. Recuerda que si buscas el amor, siempre te eludirá. Si buscas la felicidad, siempre te eludirá. Sin embargo, cuando *te conviertes en* estas cosas, ellas simplemente están ahí. Tú no las tienes a ellas, ellas te tienen a ti. Para entender este asunto del autoamor y de la autoaceptación tenemos que entender la idea de que aquello para lo que estás aquí, y lo que has de hacer, es algo que te encuentra a ti. No es algo que tú encuentres.

Tus procesos de pensamiento crean las imágenes que tienes. Esas imágenes generan tu conducta, y no puedes basar una en las otras a menos que estés dispuesto a pensar que todo va a salir bien, y que operes desde esa premisa. Este es un punto muy importante si quieres estar iluminado. Si crees que va a funcionar, entonces empezarás a ver las oportunidades. Si no lo crees, entonces verás obstáculos.

Nunca he creído que las personas que trabajan duro y hacen todo lo que tienen que hacer ganan mucho dinero y después tienen éxito. Creo que la cosa va en el otro sentido: creo que las personas que tienen éxito ganan mucho dinero en cualquier cosa que hagan, y hacen muchos amigos, y todo eso se debe a que la persona exitosa lleva el éxito dentro. Una vez más, lo importantes es lo que uno es.

EJERCICIO DEL DIARIO

Anota en tu diario algunas de las formas en las que has dicho "no" en tu vida. ¿Qué es lo que siempre has querido hacer pero nunca te has atrevido? A continuación, anota qué ocurriría si no dejaras que el miedo te retuviera y dijeras que sí a lo que tu corazón realmente quiere. ¡Procura salir ahí fuera y decir sí!

CAPÍTULO 7

DIRIGE
CON AMOR

A lo largo de los años me han contratado muchas grandes corporaciones para que fuera a darles charlas, lo cual puede parecer sorprendente. A primera vista pudiera parecer que lo que yo tengo que ofrecerles es una filosofía incompatible con el mundo de los negocios, pero no es así en absoluto. Porque cuando te llevas a toda la gente de General Motors, de Chrysler o de AT&T, lo que queda no es General Motors, Chrysler o AT&T, lo que queda es mucho equipamiento que pronto se va a quedar oxidado. Una parte importante de todo negocio es la gestión de las personas. Los seres humanos que mejor sirven a todo tipo de compañías son los que se sienten felices y satisfechos consigo mismos, no los que tienen problemas económicos, están cargados de adicciones, preocupados porque sus relaciones se caen a pedazos, o consumidos por la depresión y la ansiedad. Por grande que sea la corporación, le conviene tener una aproximación humanista en la gestión de su negocio.

Con este fin, cada vez más compañías están empezando a ofrecer gimnasios donde los empleados pueden ir a hacer ejercicio para mantener el cuerpo en forma. Pero también ofrecen espacios en los que los trabajadores pueden hacer yoga o meditar, lo que tiene como finalidad mantener sus mentes en buena forma: en paz y en óptimas condiciones. Parece que los empresarios están dándose cuenta de la importancia de ayudar a sus trabajadores a acondicionar sus cerebros junto con sus cuerpos, y esto es algo maravilloso de ver. Una vez más, el secreto de todo esto es el amor.

El gran cuadro

Se han realizado muchos estudios sobre las diferencias que hay entre líderes y seguidores en el mundo de los negocios, y parece que hay dos cosas que los separan:

1. Los líderes siempre ven el gran cuadro, o la conexión con la totalidad. Si estás en una gran corporación, el seguidor derrotista es alguien que solo ve su trabajo y lo que tiene que hacer dentro de su departamento. De modo que se le entrena para hacer esa cosa en particular, y no ve cómo eso impacta en el departamento siguiente, ni en la compañía entera ni en los accionistas. Dicen cosas del tipo: "No es mi departamento. Yo no hago esas cosas. No es mi responsabilidad. Tienes que ir a contabilidad para conseguir eso, o tienes que llamar a envíos". Y permanecen así: es como si toda su vida mantuvieran esa cualidad por la que no tienen conexión con la totalidad.

Por otra parte, el líder sin límites ve que todo lo que la persona hace en su trabajo afecta no solo a su departamento, sino también al departamento siguiente y a la compañía entera, al margen de beneficios, etcétera. Un líder es consciente de toda la unidad de negocios, y casi siempre será elevado a posiciones de liderazgo porque no limita su mirada a: lo que hago, ¿*cómo me afecta a mí?*

2. Los líderes anticipan el efecto a largo plazo de lo que se está haciendo. Por ejemplo, si están en un avión y ven que una azafata está siendo ruda con un cliente, el líder reconoce que ese comportamiento afecta a la totalidad de la organización en ese momento, y también considera cómo afectará al negocio futuro durante los años venideros.

Saben que si un cliente ha tenido una mala experiencia con una persona de la aerolínea, no es ese individuo el que va a sufrir el impacto del disgusto, porque es posible que ese empleado salga pronto de su vida. La próxima vez que el cliente tenga que volar, elegirá otra aerolínea, y es posible que continúe haciéndolo durante diez años, y probablemente se lo contará a sus amigos, que tomarán la misma decisión. En otras palabras, los efectos a largo plazo de la rudeza de un empleado con un cliente pueden impactar drásticamente en toda la compañía.

Los líderes comprenden este tipo de efectos a largo plazo. Pero no se limitan a ser educados, orientados hacia el servicio, bondadosos y decentes con la gente porque se les ha entrenado para eso; se comportan así porque así es como *son*. En consecuencia, ven realmente su conexión con la organización como un todo, y también ven el cuadro mayor.

En realidad, se trata de eso: de ver el mayor de todos los cuadros. Es decir: tu manera de comportarte hacia los demás seres humanos te afecta a ti y a ellos, y también nos afecta a todos nosotros. Si solo estás pensando en tu organización particular y en cómo el comportamiento de alguien impacta en la organización o en el futuro, todavía estás limitándote. Tienes que examinar el impacto de ese comportamiento en tu comunidad, en tu país y en el mundo. Yo veo el mayor cuadro de todos, que reverbera hacia la totalidad de la humanidad, y tú puedes hacer lo mismo. Puedes aplicar los principios del liderazgo a tu trabajo diario, a tu familia y a tu relación, pero también puedes extenderlos hacia fuera. Empiezas a tomar nota de cada acto negativo u hostil, de cada persona que no está en armonía, porque sabes que cuando un número suficiente de nosotros esté en armonía, eso impactará en la totalidad del planeta. Si pensamos en nosotros mismos como líderes, tenemos que ser capaces de extender nuestra visión. Una cosa es ser un gran líder dentro de nuestra corporación o departamento, o incluso dentro de nuestra propia familia, pero otra cosa completamente distinta es ser un gran líder de la humanidad, y todos tenemos que vernos a nosotros mismos de esta manera.

"Podría haber, habría, debería haber…"

El líder en cualquier campo es alguien que ha confiado en sus señales internas, en lugar de alguien que "juega correctamente el juego". Estar dirigido desde dentro es algo más que ser un rebelde. Aquí ocurre como en las demás fases operativas de tu vida: no te levantas y haces las cosas porque se supone que debes hacerlas, ni porque otras personas te dicen que las hagas. Las haces porque son lo que tiene más sentido para ti. Todos contamos con estas señales internas, o instintos, con respecto a qué es correcto para nosotros, pero pocas veces las seguimos. Con frecuencia pensamos en qué deberíamos hacer o en cuál es nuestro deber moral, en lugar de pensar en qué es lo correcto para nosotros.

Haría, podría, debería, tal vez y *debo* son las cosas de las que están hechos los individuos derrotistas: "Podríamos haberlo hecho de esta manera". "Si lo hubiéramos hecho de aquella manera..." "Deberíamos haberlo hecho así". Sin embargo, si fueras una persona sin límites, entenderías que has hecho las cosas tal como las has hecho porque tenías que hacerlas así, de otro modo no las habrías hecho. La evidencia de que las tenías que hacer así es que las hiciste así. No pudiste no hacerlas. No es posible "debería haber hecho" ninguna cosa. "Si hubiera hecho..." no existe. Lo hiciste.

Toda mi vida he oído hablar a la gente de lo que "podrían, habrían o deberían haber hecho". El hecho es que nadie "podría haber hecho" otra cosa que la que hizo. Es imposible.

En una ocasión me encontraba en Minnesota en octubre para dar una charla, y le dije a la persona que me llevaba:

—Qué preciosidad. Mira las hojas, qué colores tan fantásticos.

—Esto no es nada —dijo—, deberías haber estado aquí la semana pasada.

—Pero no es posible "haber estado aquí la semana pasada" en esta semana.

Mi miró y dijo:

—¡Vaya! Me ha tocado uno de esos terapeutas locos.

Esto es otra cosa que me ocurrió hace varios años, cuando llamé a la compañía eléctrica un viernes. Les dije:

—Me gustaría que me suministraran electricidad.

El empleado respondió:

—Deberías haber llamado el miércoles.

—Perdón, ¿hola? ¿De qué estás hablando? ¿Es esto la Tierra?

—Por supuesto que es la Tierra.

Entonces dije:

—Bueno, en la Tierra, donde he vivido toda mi vida, no es posible "haber llamado el miércoles" un viernes. No se puede hacer eso.

—Creo que es mejor que hables con mi supervisor.

Qué respuesta tan típicamente derrotista. Necesité cuatro supervisores para llegar a uno que entendiera que no quería que me dijeran lo que debería haber hecho el miércoles, porque el viernes nunca puedes "haber llamado el miércoles". Aquí no es posible hacer eso. No puedes rebobinar e ir hacia atrás.

Sin embargo, es asombroso cuántas personas viven su vida de esta manera. Me gusta contar a mi público un hecho divertido: ¿Te das cuenta de que si hubieras comprado cinco acciones de Coca-Cola en 1916 hoy serías millonario? La mayoría de la gente a la que me dirijo ni siquiera había nacido todavía, pero les veo pensar: "podría haber..." ¿No oyes a gente que habla así continuamente?

Cuando juego a tenis un partido de dobles con mi compañero, me gusta hacer cosas así para divertirme. Yo estoy cubriendo el pasillo y un tiro pasa justo a mi lado. Y él me dice:

—Deberías haber cubierto el pasillo.

—No puedo "haber cubierto el pasillo" —respondo—, nadie puede hacer eso.

—¡Simplemente cubre el maldito pasillo! —acaba diciendo él.

Eso puedo hacerlo. Puedo cubrir el pasillo, pero no puedo "haber cubierto" el pasillo. ¿Ves?

Decir a la gente lo que debería haber hecho no es constructivo. ¿Cuántas veces han venido tus niños a casa a las cinco de la tarde, cuando se supone que deberían haberte llamado a las tres? Cuando les dices: "Deberíais haberme llamado a las tres", los niños saben que eso es una locura, porque tú nunca puedes "deberías haber llamado a las tres". Ahora bien, si les dices: "Mañana, si no me llamáis a las tres, esto es lo que va a ocurrir..." eso es perfecto. Entonces ellos tienen un entendimiento completo. Pero reñir a alguien por lo que debería o podría haber hecho es una pérdida de tiempo.

No envíes patos a la escuela para águilas

Hay un viejo dicho que suelen repetir los directores de empresa, y es algo que puedes grabar en tu memoria: *No envíes a tus patos a la escuela para águilas.* Piensa en ello. Tenemos muchos patos en el mundo y pocas águilas, e intentar que un pato se convierta en un águila es uno de los trabajos más difíciles con los que te puedes topar en la vida. Hay patos derrotistas por doquier, y unas pocas y preciosas águilas que están dispuestas a elevarse más allá de los límites.

Los patos piensan como patos, y cuando tratas de entrenarlos para ser águilas, parece que no captan el mensaje. Tienden a quedarse atascados en la "imposibilidad", en la idea de: "Bueno, siempre lo hemos hecho así. Así es como lo hacemos. Es imposible cambiar".

Recuerdo haber pensado esto una vez en un avión, al observar a las azafatas servir las bebidas de una manera totalmente ineficiente. Las comidas ya estaban servidas y allí arriba, en la parte frontal del avión, estaba el carro de las bebidas... esto significa que, a la marcha que iban, a la mayoría de nosotros no nos llegaría la bebida hasta después de haber acabado la comida. Como a la mayoría de la

123

gente, me gusta tener algo que beber cuando como, y me pregunté: "¿Por qué solo toman un encargo cada vez?" Había tres personas a cada lado del pasillo, y la azafata preguntaba a cada persona qué quería tomar. A continuación, tomaba un vaso, ponía hielo, vertía la bebida y se la entregaba al cliente. La azafata hacía esto cada vez, para seis personas, y después pasaba a la fila siguiente. Ahora bien, un águila habría preguntado: "De acuerdo, ¿qué queréis vosotros seis?" y habría estado preparada para ello. Por algún motivo, los patos no creían en este planteamiento. Su actitud parecía ser: "Bueno, llegas hasta donde llegas. Si ocurre, ocurre. Si te llega la bebida una hora después de que acabe el vuelo, cuando estás recogiendo el equipaje, que así sea". Es una actitud muy similar a la de nuestro amigo en la tienda de comestibles, el que empaquetaba para una sola cajera.

Los patos están por doquier, te lo aseguro. Hace poco estaba esperando en la cola de un banco, y la empleada parecía estar retenida interminablemente hablando con algún cliente por teléfono. Yo era el siguiente en la cola y ella llevaba tanto tiempo así que finalmente le pregunté:

—¿Podría atenderme, por favor? Solo quiero depositar este cheque y salir de aquí.

—Señor, solo puedo hacer una cosa cada vez —dijo.

—¿Sólo una? —respondí—.Yo puedo hacer diez cosas a la vez.

Después de todo, si quieres ser un águila tienes que ir buscando los ratones por allí abajo, tienes que estar atento a los postes telefónicos y pensar en tus pequeños aguiluchos. ¡Tienes que hacer un millón de cosas al mismo tiempo! ¿Quién de entre nosotros puede limitarse a hacer una sola cosa cada vez? Ciertamente ningún padre o madre puede entrar en esta categoría. Con los pequeños, tienes que aprender a leer un libro mientras les ves nadar, y ayudarles con las tareas de casa mientras preparas la cena. Aprendes a hacer todo esto siendo una persona eficaz. Sin duda no te quedas allí sentado y dices: "Solo puedo hacer una cosa cada vez, hijos míos".

Cuando era niño recuerdo que estuve en un gran estanque para patos. Tuvimos una profesora que nos decía: "¡Esta es la peor clase que he tenido nunca! ¡No puedo con ella!" Muchos de los niños se sentían culpables al oír esto, pero mi respuesta era pensar: "¿Esta es la peor clase que ella ha tenido? Debe tener una vida genial. ¡Nosotros somos muy fáciles! ¿Por qué nos está inculcando esta idea de culpa?" Sin duda, muchos de los demás niños se iban a casa sintiéndose mal y manipulados, pero yo no.

Desde entonces me he topado por doquier con este tipo de mentalidad. En una ocasión estuve un hotel precioso de Orlando, Florida y me pusieron en el noveno piso, al que llamaban el nivel con portero. Cobraban cien dólares más por noche en esas habitaciones, pero tenían contratados a una especie de porteros para cuidar de ti.

La primera noche que estuve allí, servían entremeses calientes de siete a nueve de la noche. Yo me había ido a correr y no volví hasta pasadas las nueve, pero pregunté si podrían llevarme algunos de aquellos aperitivos a la habitación.

El portero me dijo:

—Sin problema. La cocina está cerrada, pero ya te llevo unos. También tienen un postre, ¿te gustaría que te llevara también un poco de postre?

—Sí, eso sería genial.

Aquel hombre no tenía ni idea de quién era yo, pero fue más allá de lo que era estrictamente su obligación para ayudarme, y estuvo genial.

Sin embargo, a la mañana siguiente ofrecían un desayuno continental que se acababa a las 9:30. Una vez más, estuve fuera durante ese tiempo, pero volví unos minutos después y pedí un zumo. En esta ocasión me topé con un pato, que hizo "cua":

—Señor, el desayuno continental cierra a las 9:30. Lo siento.

Yo le dije:

—Ya lo sé. Lo entiendo, pero solo quiero un zumo de naranja. Tengo mucha sed. Acabo de venir de correr y tengo que dar una charla en breve.

—Señor, a las 9:30, lo dice con toda claridad.

Soy el tipo que está pagando cien dólares más por noche por el servicio de portería, y no me está atendiendo. ¿Ves la diferencia? La diferencia está en la actitud, en las creencias de la persona.

Ahora bien, puedo asegurarte que si haces un seguimiento de estos dos porteros, vas a ver algo muy parecido al caso que ya hemos descrito de los chicos que empaquetan para una cajera o para dos. Vas a ver que esa águila se va a elevar a lo largo de su vida, y el pato va a pasar de ese trabajo a otro probablemente inferior, y siempre se preguntará por qué.

Si yo estuviera buscando alguien que trabajara para mí, simplemente iría a observar a los empaquetadores durante un día, y enseguida sabría a quién contratar. Según mi experiencia, a los grandes empleados no se les entrena; se les encuentra. Sales ahí fuera y encuentras a la gente que tiene esa actitud de empaquetar para dos cajeras, esa actitud de águila, y a continuación puedes ayudarles a hacer y a ser cualquier cosa.

Esto me hace pensar en algo que experimenté en una ocasión en el aeropuerto O 'Hare de Chicago. Tenía que coger un vuelo por la tarde para ir a Fort Lauderdale, y el vuelo se canceló.

Le dije al empleado:

—Está bien porque sé que tenéis otro vuelo dentro de 45 minutos a West Palm Beach. Eso está a solo 20 millas de Fort Lauderdale. Puedes reservarme plaza en ese vuelo e iré a mi destino desde allí.

Miró al ordenador y dijo:

—Lo siento, no puedo hacer eso.

—¿Por qué? ¿No hay sitio?

—No, señor, hay algunos asientos libres, pero el ordenador dice que son dos ciudades distintas.

—Se considera que Miami y Fort Lauderdale son la misma ciudad —respondí—, ¿pero Fort Lauderdale y West Palm se consideran ciudades distintas?

Me dijo que era lo mismo que si le pedía ir a San Francisco.

—Es una ciudad distinta en lo que atañe al ordenador. No podemos hacer eso. Lo siento, pero tendrá que tomar otro vuelo dentro de cuatro horas. Le tenemos cubierto y estará en ese vuelo.

—¿Quieres decir que has cancelado mi vuelo y que no me vas a dejar entrar en otro cuyo aeropuerto está a veinte millas del aeropuerto al que quiero ir porque el ordenador dice que es otra ciudad?

—Así es —dijo él—. Lo siento, no puedo hacer nada más.

Por supuesto, esta es una frase que todos hemos oído incontables veces.

Yo dije, como acostumbro a decir:

—Me gustaría hablar con alguien más, cualquier otra persona, por favor.

—Lo siento, señor, si llamo a mi supervisor, él le contará lo mismo.

Y empezó a irse. Yo le dije:

—Espera, no te vayas.

Sabía que estaba a punto de volver al estanque de los patos.

—Vete arriba. Sube las escaleras, cualquier escalera y mira si puedes encontrar un águila.

—¿De qué me estás hablando?

—No importa quién sea —le expliqué—, pero por favor trae a alguien que no crea que no puede hacerse. Ese es el único tipo de persona que quiero. No quiero una garantía, ni nada parecido. Quiero hablar con un ser humano que no crea en el "no se puede hacer". Y, claro, eso fue justamente lo que hizo. Me encontró un águila, que fue capaz de inscribirme en el vuelo que yo quería. Todo salió sobre ruedas.

Tienes que entender que el mundo está lleno de patos, y has de tener mucho cuidado de no convertirte en uno. Recuerda, el éxito es un proceso interno. Cuando lo tienes dentro, lo llevas a todo lo que haces y puedes ir elevándote por la vida.

EJERCICIO DEL DIARIO

Piensa en los momentos de la vida en los que te has encontrado con patos y con águilas. ¿Alguno de estos dos tipos te recuerda a ti mismo? Anota en el diario tus sentimientos al respecto. ¿Cómo podrías llegar a ser más líder, haciendo que brille la luz de tu amor para mostrar el camino a otros?

CAPÍTULO 8

MODELOS
DE ILUMINACIÓN

Cuando vivía en Nueva York, solíamos ir a Jones Beach cuando abría en *Memorial Day,* el día dedicado a los caídos en acto de servicio. Solíamos llegar en lo que sin duda sería un día caluroso, puesto que a finales de mayo, en Long Island, se suelen alcanzar los treinta y dos grados. Ahora bien, si quieres ver a alguien que ejemplifica óptimamente a la persona sin límites, no hace falta mirar más allá de los niños pequeños que han estado encerrados todo el invierno en casa. Ellos sabían que era su oportunidad de jugar en el agua. Si no la aprovechaban, lo más cerca del agua que llegarían a estar sería la bañera de casa, como a lo largo de todo el invierno.

Los padres, por otra parte, se centraban en la temperatura del agua. "Había hielo sobre ella hace solo treinta días", pensaban. "El agua va a estar muy fría". Llegaban allí y se obsesionaban con el agua fría, aunque estaba a veintitantos grados, mientras se sentaban por allí y sacaban los picnics y demás enseres. Los niños iban directos al agua y ni siquiera se daban cuenta de que estaba fría. E incluso si la piel se les ponía un poco azul, no les importaba. Estaban en el agua, en la playa, y para ellos era divertido y emocionante. No se contaban a sí mismos lo horrible que iba a ser, y ni siquiera pensaban en resfriarse. ¡Se lo estaban pasando genial!

Se suponía que los padres también estaban allí para pasárselo bien, pero solían comentar:
—Mira esos niños, nadando en el agua y todavía es mayo. No puedo creer lo locos que están.
Pero, ¿quién estaba loco? Los niños eran libres, y estaban animados y divirtiéndose, mientras que, a los padres, su forma de pensar les impedía disfrutar de ese día, de ese momento, de ese conjunto de circunstancias especiales. Los niños conocen instintivamente el poder de tener una buena actitud. Saben que si esperas disfrutar de un buen día de playa, eso es exactamente lo que harás. Incluso ahora puedes mostrar el espíritu de estos niños bien criados, creativos, libres y emocionados con respecto a todo simplemente dejando que salga el niño o la niña que hay dentro de ti.

Nunca es demasiado tarde para tener una infancia feliz

Entiendo que el concepto de dejar salir a tu "niño interno" puede resultar incómodo para algunas personas. Si no tuviste una infancia feliz, te sugiero que trates de entender que entonces el sentido del yo toma el mando incluso a una edad muy temprana. Si ahora eres un adulto, ya es hora de dejar de culpar a tus padres por lo que pudiste o no pudiste hacer, o por lo que eres capaz o no eres capaz de hacer en la vida. Yo fui profesor durante muchos años, y sé que no puedes enseñar literatura inglesa o álgebra a alguien que no quiere aprenderlas, que se niega completamente a ello. Nadie puede arrebatar la infancia a otra persona, a menos que se trate de un abusador total, lo cual es otro tema, y no es de lo que estamos hablando aquí.

Si sientes que tus padres te impidieron hacer las cosas que querías hacer de niño, ya es hora de que respondas con habilidad. Como solía decir a mis clientes: "Entonces no supiste lidiar eficazmente con tu padre. No supiste conseguir aquello a lo que sentías que tenías derecho de tu madre, o de tus abuelos, o de quien fuera. Entiendo que tú eras pequeño y ellos eran mayores, y ellos establecían las reglas y todo eso. Ahora ha llegado el momento de que te responsabilices de cómo reaccionaste a tus padres".

Sin embargo, mucha gente solo quiere buscar culpas. Van al terapeuta, hablan con sus amigos, y se les ocurren todo tipo de razones por las que las cosas no les van bien. Trabajando con personas he llegado a descubrir que casi todo el mundo busca excusas, en lugar de responsabilizarse de su propia vida. A mis clientes les insisto: "Incluso cuando eras niño, estabas eligiendo. En tu clase podía haber hasta cincuenta personas distintas expuestas a ese profesor en el colegio, y siempre hay algunos niños que hacen elecciones distintas en cuanto a cómo reaccionan a esos profesores. Siempre hay niños que no se dejan manipular, que no se sienten víctimas ni se dejan empujar, y defienden sus creencias desde el comienzo de su vida. Todo eso fueron elecciones. Es posible que no supieras hacer otras elecciones en el momento, o tal vez tenías demasiado miedo, o no encontraste apoyos, pero en realidad se trata de esto: de tomar responsabilidad de lo que eres como ser humano y de aplicarlo a lo largo de tu vida.

He conocido a muchas familias con varios hijos, y algunos de ellos son capaces de tener una infancia feliz pase lo que pase. Incluso en una situación que otras personas considerarían negativa, en las que otros se sentirían golpeados por sus circunstancias o sentirían que otra persona les controla, ellos fueron capaces de crecer. Conozco este tema íntimamente por haber pasado buena parte de mi infancia en hogares de acogida y en un orfanato; nunca conocí a mi padre. Pero no dejé que las circunstancias me deprimieran y he tenido una vida fantástica. Sin embargo, no hay nada especial en mí: cualquiera puede dejar de enfocarse en el pasado, en la estela del barco. Creo que es importante volver a repasar la vida y adueñarse de cómo uno ha reaccionado. Esto no implica que la influencia de los padres no sea importante y no pueda tener un efecto significativo sobre el niño. Pero no te hace ningún bien mirar atrás con la intención de culpar: debes examinar tu pasado con responsabilidad. A partir de ahí, puedes cambiar de actitud para tener un presente magnífico.

Nunca es demasiado tarde para tener una infancia feliz. ¡Nunca! Si no te gustó tu infancia, arréglala ahora. "No me llevaron a ningún parque de atracciones", podrías decir. Bueno, todavía sigue habiendo muchos parques. "Tengo sesenta y ocho años". Si quieres ir a un parque de atracciones y tener tres años, eso no va a ocurrir. Sin embargo, no hay nada que te impida visitar un parque de atracciones a la edad que tienes ahora. Están abiertos. Si tienes una entrada, te dejarán entrar. Puedes hacer lo que quieras. Este es un concepto muy importante.

Un cliente me dijo en una ocasión:

—Mi madre no me dejaba montar en bicicleta. No me dejaba bajar rodando por una colina ni ensuciarme.

—Ya veo —respondí—. De acuerdo, hay una colina ahí con algo de barro, y aquí hay unas bicicletas. En esencia puedes tener ahora lo que entonces quisiste.

—¡No he venido aquí y no te pago por enseñarme a montar en bicicleta!

—Solo quiero que entiendas —dije yo— que la única razón por la que no has aprendido a montar en bicicleta es que nunca te has montado en una y has pasado por el proceso de prueba y error que acompaña al aprendizaje de cualquier cosa. Deja de culpar a tu madre por el hecho de que no pudieras encararte con ella durante toda tu vida, y ahora ve y haz lo que querías hacer. Si mi madre o cualquier adulto de mi vida me hubiera dicho que no podía montar en bicicleta cuando era niño, posiblemente no habría prestado mucha atención a eso. Sin embargo, por alguna razón, tú le prestaste atención. Ahí era donde estabas, mientras que yo fui capaz de montarme en una bicicleta y aprender a pedalear.

Has de tomar responsabilidad por tus elecciones y por tu vida, siempre. Cuando aprendes a responder con habilidad, no tienes que dedicar incontables horas a una terapia, ni pasar un profundo análisis para averiguar por qué te resultó tan duro aprender a pedir ir al baño, o por qué a tu madre le gustaba más tu hermana, ni ninguna de las cosas que la gente usa como excusas para explicarse por qué no están donde quieren estar en su vida.

No te hace ningún bien lanzar recriminaciones contra tus padres y enfocarte en cosas como: "Oh, son anticuados", o "Me impusieron muchas reglas", o "Fueron muy estrictos", o "No saben cómo son las cosas en esta generación". Averigua cómo trabajar con lo que tienes y desde donde te encuentras ahora mismo. ¿Cómo puedes conseguir lo que te gustaría conseguir en tu vida y no continuar estando en conflicto? Deja de enfocarte en lo que te has perdido, o de culpar a otros. Tus padres son lo que son, pero se trata de *tu* vida.

Paternidad eficaz

¿Y qué pasa si eres padre y quieres criar niños fuertes y empoderados? Has de saber que ayudar a otros a alcanzar un sentido del propósito forma parte de la misión de ser padre, pero tú no puedes hacerlo por ellos. De modo que si tienes algún adolescente hosco en tu familia, por ejemplo, lo mejor que puedes hacer por él o ella es ser un modelo de comportamiento iluminado. Recuerda, serás tratado tal como enseñes a los demás a tratarte, de modo que sé un ejemplo de alguien que no va a permitir que el comportamiento de otra persona altere ni una hora de tu vida.

Puedes dejar claro que estás ahí para ayudarles, puedes tener charlas con ellos, puedes explicarles lo que estás haciendo, pero, en último término, ellos sabrán que hablas en serio por cómo vives, más que por lo que dices o por lo que les indicas que hagan. Esto es crucial. En otras palabras, si tu hijo viene a casa de la escuela con malas notas, ¿es eso una buena razón para arruinar un día de tu vida? Pregúntate de quién es el problema: ¿Por qué vas a hacer que sea tu problema sintiéndote molesto?

Ahora bien, yo no creo en ignorar a alguien, ser permisivo y dejar que haga lo que le venga en gana. Puedes hacer cosas como restringir cierto tipo de privilegios. O puedes ayudarle facilitándole clases particulares o cosas parecidas. Lo que nunca deberías hacer es sentirte agobiado y desdichado en tu vida. Puedes ser un padre atento y al mismo tiempo enseñarle que su comportamiento es *suyo*. No solo debe adueñarse de él, también debe responsabilizarse y aceptar las consecuencias.

Cuando hablo con padres que tienen hijos que no les respetan, les pregunto cómo se comportan con ellos. A menudo responden que les preparan la comida, les lavan la ropa, y así sucesivamente. Digamos que tienes un hijo que te insulta, y tu respuesta es: "Oh… Solo está buscándose a sí mismo… Voy a prepararle la comida y después le llevaré en coche al entrenamiento o le recogeré de la escuela". ¿Qué incentivo tiene ese niño para cambiar? Otra aproximación sería decirle: "No puedo obligarte a mostrarte respetuoso conmigo ni puedo poner las palabras en tu boca, pero ciertamente no tengo que premiarte por ello. Voy a mostrarte que cuando quieras comportarte así, vas a tener que hacerlo en aislamiento, lejos de mí. No voy a estar a tu servicio ni voy a ser tu sirviente".

Creo que los niños aprenden haciendo, no cuando alguna persona hace las cosas por ellos. Por ejemplo, si tienes hijos de más de ocho años y todavía les lavas la ropa, deberías examinar por qué lo haces. Un niño de ocho años es perfectamente capaz de hacer funcionar una lavadora y una secadora. Es algo muy simple: tú haces su colada durante ocho años, ellos hacen la tuya durante otros ocho, y después alternáis durante el resto del tiempo que viva contigo. Creo que esto tiene mucho sentido.

Cuando te preguntes qué debes a tus hijos, has de saber lo siguiente: no les debes ser un esclavo. No les debes ser una víctima. No les debes el sacrificio de tu vida. Lo que les debes es ser el modelo de un ser humano amoroso y atento que responde con habilidad a las circunstancias de tu propia vida, y que tiene un sentido del significado y de la misión que está más allá de los hijos. Cuando tus hijos vean eso en ti, lo seguirán de manera natural. Si les animas a la independencia, eso significa que no dependerán de ti. Otro beneficio es que les estás permitiendo probar cosas, cometer errores, y hacer todo lo que acompaña al proceso de crecimiento para ser una

135

persona saludable. Principalmente, no eres un modelo de tolerar conductas inapropiadas. Imagina que estás en una tienda con tu hijo y te dice que quiere un chicle. Tú le dices que no, pero él insiste. Y seguís así hasta que él empieza a chillar y tú cedes.

—Está bien —dices—, quieres un chicle, aquí te doy dinero para la máquina.

Bien, el mensaje que acabas de enviarle es: "Si quieres un chicle tienes que volverte loco". Eso es lo que has enseñado al niño.

Todos los niños del mundo han montado esta escena con el chicle, incluyendo los míos. Cuando ocurría esto —es decir, cuando yo decía que no y ellos empezaban a llorar—, yo les decía:

—Espera. Esto es genial. Vamos a atraer aquí a toda esta gente. Vamos a montar un espectáculo. He traído a un gorila conmigo del zoo.

En otras palabras, les mostraba que no iba a animar ni a tolerar comportamientos así. No iba a sentirme intimidado, presionado, manipulado ni victimizado por ellos.

Si tus hijos no te respetan y tú sigues preparándoles la comida, haciendo las labores de la casa, haciendo de chófer y les das dinero indiscriminadamente, lo único que estás haciendo es decirles: "Quiero que sigas siendo desagradable conmigo. Déjame reforzarlo". Creo que no deberíamos hacer esto.

Asimismo, tampoco creo que debamos mantener a nuestros hijos lejos de cualquier sensación de esfuerzo y lucha. Muchos de los padres que conozco recuerdan que de pequeños salían a buscar trabajo, trataban de cortar la hierba o de quitar la nieve, etcétera. Muchos de nosotros podemos recordar cómo entonces nos ganábamos nuestro dinerito, y ahora tenemos hijos que esperan conducir coches deportivos, o llevar ropa cara, o tener todas las cosas que su corazón desea, con padres que les recojan y les lleven a todas partes.

Me gusta mucho el viejo dicho: "Da a un hombre un pez y le alimentarás un día. Enseña a ese hombre a pescar y lo alimentarás durante toda la vida". Aquí hay mucha verdad en lo relacionado con la paternidad. Si quieres tener hijos que sean verdaderos éxitos, no les niegues las cosas que han hecho de ti la persona exitosa que eres. Deja que salgan a trabajar y que se esfuercen. Permíteles disfrutar del aprendizaje de sus lecciones mientras recorren el camino hacia la iluminación.

Enseñar autoestima

En este libro ya he hablado un poco de los fracasos, pero me gustaría volver a mencionarlos aquí. Como todo el concepto de fracaso es un juicio, en realidad puede verse bajo una luz muy positiva. Yo he fracasado muchas veces y las considero una fuente de motivación. Las personas más exitosas están dispuestas a caerse muchas veces en la vida. Y cada vez que se caen, se levantan, se quitan el polvo y dicen: "Bien, esto no ha funcionado. Ahora ya sé lo que no tengo que hacer".

Siempre recuerdo la historia de Thomas Edison cuando inventó la bombilla incandescente. Después de intentarlo unas diez mil veces, todavía no había conseguido un producto que fuera comercialmente viable. Y un reportero le preguntó:

—Señor Edison, ¿cómo se siente después de haber fracasado diez mil veces? Para alguien tan famoso como usted debe ser horrible.

Él respondió: "Fracaso, ni siquiera sé de qué estás hablando. Hoy conozco diez mil maneras de no hacer una bombilla. ¿Tú qué sabes?"

El fracaso solo es malo cuando lo asocias con la autoestima, cuando dices: "Como he fracasado en algo, eso me convierte en un fracasado". El lugar más saludable al que llegar es ese en el que estás dispuesto a probar prácticamente cualquier cosa. Las personas sin límites son así: están dispuestas a probar cualquier cosa y no tienen miedo. No viven según las reglas. No viven siguiendo las costumbres, las tradiciones ni los dictados de nadie.

Cuando salgo a hablar delante de un público, mi autoestima está intacta. Viene de mí mismo, por eso recibe el nombre de *autoestima*. Si gusto a la gente, eso está bien. Si aplauden y se ríen y disfrutan, eso es genial: ciertamente es mejor que si no lo hacen. Me gusta la aprobación, pero no la necesito. Si la necesitara, eso significaría que, si no lo consiguiera, colapsaría. Así es como se describe una necesidad, ¿cierto? Te voy a contar lo que necesito: necesito oxígeno, pero no me importa admitirlo. Pero, ¿aprobación? Eso es una motivación externa, y no es el objetivo de lo que hago.

Conozco a gente que se ha puesto delante del público y se ha enfocado en las personas que no aplaudían ni se reían, y entonces se dicen a sí mismos: "¿Ves? Ya sabía que no era bueno. No valgo nada". Eso es ridículo. Enfocarte en una persona a la que no le gusta lo que dices hace que su opinión cuente más que tu autoestima. Recuerda: ¡Lo que otros piensen de ti no es asunto tuyo!

La autoestima viene de la creencia de que *tengo integridad, soy valioso, soy atractivo, soy importante*. No tienes que ir por ahí diciéndolo; más bien, tienes que tener una historia de amor tranquila contigo mismo. Y esto es algo que también puedes enseñar a tus hijos.

Escribí un libro titulado *What Do You Really Want for Your Children?* [¿Qué quieres realmente para tus hijos?], porque creo que esta es una pregunta muy importante que plantearse. Sé que quiero las mismas cosas para mis hijos que para cualquier otro niño del mundo. Todos estamos en esto juntos, de modo que me gustaría que crecieran creyendo que tienen elección, y que después incorporaran esta capacidad.

Cuando mi hija Tracy estaba en segundo grado, un día vino a casa muy disgustada:

—¡No le gusto a Billy! —gritó.

—Entiendo, este es el día de Billy —le dije—. Esta es una de las cosas que Billy hace los martes. ¿Te gustas a ti misma?

—Sí, por supuesto que me gusto a mí misma.

—Bien, eso es todo lo que tienes —le respondí.

Inmediatamente se sintió mejor; estaba acostumbrada a que su papá le dijera cosas extrañas de este tipo.

Algún otro padre del vecindario podría haberle dicho a su hija: "Oh, vaya, ¿qué podemos hacer para conseguir que le gustes a Billy? Veamos. Tal vez podamos invitarle a una fiesta. Quizá le dejemos jugar con tus juguetes. Haremos lo que podamos". Yo sentí que una niña pequeña no tenía que aprender que el comportamiento de otra persona hacia ella debía deprimirle. Y sigo pensándolo.

Mis hijos no han crecido peleándose, y tengo ocho. Nunca se les ha reforzado que pelear fuera lo normal; más bien, siempre han tenido un sistema de creencias en el que no era normal luchar, estar enfadado y odiarse mutuamente. Estos impulsos son cosas que podemos aprender a domesticar o a no tener en absoluto, porque la lucha, la angustia, el dolor y la desesperación son cosas que nos hunden y destruyen nuestra vida. Mis hijos han crecido con actitudes diferentes con respecto a casi todas las cosas, pero uno de los aspectos de los que me siento más orgulloso es que están llenos de amor.

Expresar al mundo lo que está dentro de ti

Tal como he enseñado a mis hijos, cada segundo que pasas disgustado, enfadado, herido o desesperado debido al comportamiento de alguna otra persona es un momento en el que has renunciado a mantener el control de tu vida. Es un momento en el que le has dicho a la gente de tu mundo: "Lo que pensáis de mí es más importante que lo que yo pienso de mí mismo, de modo que haré lo que haga falta para conseguir gustaros".

En lugar de mantener esa actitud, es algo en lo que puedes trabajar. Repítete lo siguiente: "me lleno de amor y lo envío al mundo. Si hay alguien que lo acepta, eso es maravilloso; si hay algunos que no lo aceptan, ahí es donde están esas personas ahora mismo. Este planeta tiene un karma que solo ahora estoy empezando a entender, y una de las cosas que sé es la importancia de tomar responsabilidad de mi propio sufrimiento, de mi dolor, de mis dificultades. Entiendo que cuando envío amor como reacción a la angustia de cualquier otra persona, ese amor retornará a mí".

Puedes pensar en el universo como si fuera un banco. Una de las mejores cosas con respecto al universo es que paga el tipo de interés más alto que existe. Digamos que envías amor por valor de mil euros, y siempre recibes mil trescientos. Te devuelven tus mil para demostrarte que lo que va, vuelve, y después obtienes un beneficio. Y ese beneficio está ahí para recordarte que esa actitud amorosa es la mejor manera de comportarte con todos. Como el universo te devuelve lo que le envías, es imperativo que seas una persona íntegra. El lugar más elevado que puedes alcanzar es el de ser una persona consecuente con cualquier cosa que digas; es decir, cualquier cosa que salga de tu boca siempre ha de ser consistente con tus creencias. Podrías exagerar para hacer un chiste, pero no lo harás simplemente para mejorar tu apariencia ni para impresionar a otros.

¿De dónde viene la necesidad de distorsionar la realidad? ¿Por qué necesitamos hacer eso? A nadie le importa. Has de entender que cuando mientes en algún sentido, eso es una distorsión; y si continúas distorsionando durante el tiempo suficiente, se convertirá en un hábito. No obstante, siempre puedes corregir un hábito. Tanto si le llamas integridad, como si le llamas la capacidad de dar ejemplo a tus hijos, es muy importante que vivas lo que dices, en lugar de pretender ser algo distinto de lo que eres.

Como ya he mencionado, yo no me limito a escribir libros sobre cosas que sean agradables para ti. No necesito hacer eso. Yo soy lo que escribo, y escribo lo que vivo cada día de mi vida. Es importante trabajar para que puedas llegar al mismo punto de integridad, en el que lo que salga de ti sea exactamente lo que está en tu corazón. Si quieres intentar marcar la diferencia con tus hijos, o en el mundo en general, la forma de hacerlo es ser un modelo de iluminación. En cualquier ocasión en la que te alejas de ese ejemplo, no estás siendo auténtico y la autenticidad forma parte de estar iluminado.

No puedes engañar en tu declaración de impuestos mientras castigas a tus hijos por ser deshonestos, y al mismo tiempo ser una persona auténtica e iluminada. No puedes estar echándoles el humo de un cigarrillo en la cara mientras les hablas de los males de las adicciones y de ser personas auténticas e iluminadas. No puedes estar en baja forma y tener un estilo de vida sedentario mientras les hablas de la importancia de la nutrición y de ser personas auténticas e iluminadas. No puedes esperar que ningún compañero de trabajo, en cualquier puesto de la empresa, quiera escucharte si lo que dices es distinto de lo que eres. Es crucial entender lo importante que es ser auténtico con todas las personas de tu vida y con toda la humanidad.

EJERCICIO DEL DIARIO

Tómate algún tiempo para pensar en tu infancia. ¿Fue una infancia feliz, o sientes que te perdiste algunas experiencias clave? ¿Necesitas trabajar la relación con tus padres desde un espacio de perdón? ¿Sientes que te beneficiarías ahora de experimentar una infancia feliz? Anota en el diario algunas maneras de dejar salir a tu niño interno para que ahora aporte más alegría a tu vida, independientemente de aquello que hayas vivido en el pasado.

A continuación, si eres padre, piensa en la relación que tienes con tus hijos. ¿Ves que has cometido errores con tus hijos que te gustaría remediar? ¿O estás animándoles a vivir sin límites? (Si no tienes hijos, piensa en los niños de tu familia o de tu grupo de amigos, o en cualquier niño cercano que pueda servirte de inspiración.) Anota tus impresiones, así como cualquier otro pensamiento personal que tengas sobre ser padre o ser hijo. ¿En qué sentidos estás siendo un modelo de iluminación para las personas de tu vida y para toda la humanidad?

TERCERA PARTE

LA MISIÓN DE TU VIDA

Ten la valentía de seguir tu pasión,
y si no sabes cuál es,
date cuenta de que una de las razones
de tu existencia en la Tierra es encontrarla.

—Oprah Winfrey

CAPÍTULO 9

UN SENTIDO
DEL PROPÓSITO

Durante los últimos años que trabajé en escuelas, traté de crear un programa de estudios para intentar formar a los jóvenes en cómo llegar a ser los seres humanos más saludables que pudieran ser. Si eres padre y alguien te pregunta qué quieres para tus hijos, probablemente responderás algo parecido a esto: "Quiero que sean felices, quiero que se sientan satisfechos, quiero que tengan un sentido del propósito en sus vidas". Pero, ¿dónde pueden ir a aprender eso? ¿Dónde están los cursos sobre cómo evitar sentirse culpable, cómo no pensar de manera ansiosa, cómo no preocuparse por lo que los demás piensen de ti, cómo eliminar la búsqueda constante de aprobación, cómo amarte a ti mismo, cómo vivir en el presente en lugar de en el futuro o en el pasado, cómo no permitirte sentirte víctima y cómo gestionar tus propias emociones? ¿Cómo es que a los niños no se les dan clases sobre estas cuestiones?

Como hemos comentado a lo largo de este libro, una de las variables cruciales de la persona sin límites es que sigue su motivación interna. Consulta sus señales internas para decidir qué es correcto o equivocado para ella, y para determinar su propia misión en la vida y cómo seguirla. La mayoría de los niños escuchan instintivamente su intuición, pero después van a escuelas donde, en esencia, se les enseña a ignorarla. Si vas a cualquier escuela y preguntas por su filosofía de educación, te dirán algo parecido a esto: "Nosotros, en esta escuela en particular, favorecemos el pleno autodesarrollo y la autorrealización individual de cada niño que tratamos de educar. Queremos ofrecer intervenciones curriculares que permitan un desarrollo individualizado y objetivos específicos de autorrealización a cada niño que entre por esa puerta".

Y eso son un montón de tonterías. Porque, de hecho, cuando ves a jóvenes empezando a desplegar las cualidades de las personas sin límites, cuando empiezan a decir a los profesores, directores y administradores: "Espera un segundo. ¿Por qué? ¿Cómo es que tenemos este tipo de regulaciones? ¿No podríamos cambiar algunas de estas cosas?", los profesores se cierran. Hay niños que dicen: "Me gustaría estudiar esto, y esto parece tener más sentido para mí", y con ello cuestionan la autoridad, pero no los escuchamos. Me gustaría ver que dejamos de hacer en nuestras escuelas casi todo lo que podemos para apagar las chispas de la motivación interna.

Después de todo, todas las personas que he conocido quieren sentirse especiales, únicas y significativas. Sin exagerar, creo que no hay nada más importante para nosotros que mantener a diario un sentido del propósito, o de la misión, de nuestra vida. Todos queremos dejar una huella indeleble en el mundo, y sin embargo parece que nuestros métodos para conseguirlo no funcionan en absoluto.

Trasciende las reglas

Una de mis citas favoritas de todos los tiempos es de Henry David Thoreau: "Si uno avanza confiadamente en la dirección de sus sueños, y se esfuerza por vivir la vida que ha imaginado, se topará en cualquier momento con un éxito inesperado."

He aludido un poco a esto en la última parte del libro.

Para mí, esta cita indica que cuando asumes riesgos y trabajas confiadamente por hacer las cosas que son significativas para ti —es decir, no te enfocas en seguir las reglas, en ser un buen empleado, o esposo, o padre, o cosas así— y vives tu vida a *tu* manera, entonces el éxito te llega de maneras que antes ni habías soñado que eran posibles. Pero si persigues algo externo a ti mismo, como tener más sueldo o mejores vacaciones, posiblemente estarás haciendo "lo que se supone que tienes que hacer", pero no tendrás paz interna. Y cuando te falta la paz interna, te falta la razón para vivir. Te falta el sentido del propósito. Simplemente vas tirando y te dices a ti mismo: "Sal ahí fuera y no crees problemas, no hagas olas y llévate bien con el mundo". Ciertamente esta no es la manera de vivir la vida de tus sueños.

Desde el momento en que éramos muy jóvenes, se nos ha condicionado para actuar de acuerdo con un conjunto de reglas y directrices, y continuamos siguiéndolas durante la mayor parte de nuestra vida. Dichas reglas incluyen:

- Haz lo que tengas que hacer y no hagas nada que se supone que no tengas que hacer.
- Haz lo que se te diga y no hagas preguntas.
- Ve a estudiar y saca buenas notas. No crees dificultades a tus profesores.
- Si puedes, ve a la universidad. Si no puedes, sal a conseguir un trabajo.
- Consigue la formación necesaria para llevar a casa un salario decente.

- Cásate, ten hijos y forma una familia.
- Agrada a los demás todo lo que puedas.
- Paga las facturas a tiempo.
- No vayas a la cárcel; de hecho, evita completamente los problemas.
- Gana todo el dinero que puedas.
- Viste bien y ten juguetes agradables.
- Ve a fiestas y tómate unas copas.
- Haz todas las cosas que consigan que tu vida funcione. Sigue las pautas para ir avanzando en la vida y llevarte bien con todos.

Entonces ocurre algo que hace que cambien tus prioridades. Tal vez tengas un susto en el tema de la salud, o quizá simplemente te des cuenta de que no tienes todo el tiempo del mundo. Cualquiera que sea la razón, ahí es cuando tiendes a encontrar tu misión como ser humano. Puedes hacer todas las cosas que he incluido en la lista anterior —seguir las reglas, ser bueno y agradar a los demás— y pasarás por la vida con un mínimo de problemas, permaneciendo fuera de la cárcel, etcétera. Sin embargo, siguiendo estas reglas es imposible tener un sentido de propósito en la vida. Simplemente no es posible.

Por ejemplo, las reglas te dicen que *ahorres para el futuro, que pienses en la jubilación, que te enfoques en tus objetivos*, y eso está bien. Ciertamente tendrás que hacer eso si tienes hijos que están yendo a la universidad o cosas de esta naturaleza, pero eso no dará un sentido de propósito o de significado a tu vida. Si tratas de conseguir el sentido del propósito viviendo la vida a través de tus hijos, siempre acabarás frustrado, aunque seas un padre maravilloso. Por definición, no puedes sentirte realizado por los logros de otra persona; solo puedes dar un paso atrás y observarlos por ella. Es decir, no puedes tener una sensación de lo que *tú* estás haciendo aquí, en este planeta.

El sentido del propósito viene de aprender lo opuesto exacto de lo que predican las reglas, y parte de mi misión es cambiar tu manera de pensar en esta cuestión. Quiero que veas que tu prioridad en la vida debe ser aquello que sea tu pasión o tu vocación. Trasciendes las reglas cuando dejas de intentar conseguir "más, más, más" o algo "mejor, mejor, mejor". En lugar de estar motivado externamente y de tomar referencias de las cosas externas a ti, consulta tus señales internas, lo que creas que es adecuado para ti.

Cuando sigues estas reglas, te levantas por la mañana y vas a ese trabajo que ya no te llena: lo has dominado, sabes hacerlo, ya no supone un reto. Entiende que si pasas por la vida haciendo lo que siempre has hecho, y ya no hay reto ni creatividad en ello, se ha convertido en una rutina. Piensa en los soldados marchando en formación: bueno, en eso se ha convertido tu vida. Los ejercicios rutinarios y la instrucción no te van a llenar. Te llevarán a responder automáticamente con lo que tienes que hacer para conseguir un sueldo, pero la paz interna que deseas no estará allí. Sin embargo, cuando persigues tu propósito, dejas atrás cualquier sensación de rutina.

Es posible que estés pensando en tus responsabilidades y en todos los riesgos que conllevaría enfocarte en tu misión personal. Más adelante hablaremos de esto con más detalle, pero lo cierto es que a la mayoría de la gente que asume riesgos les va mejor que antes: acaban ganando más dinero, aunque no fuera eso lo que buscaban. También acaban teniendo una salud mejor y mejores relaciones, y más tiempo para las cosas verdaderamente importantes en la vida, como pasar tiempo con los seres queridos, y otras similares.

Ahí fuera veo a mucha gente que se pasa la vida luchando para mantenerse al nivel de los vecinos, enfocados únicamente en la motivación externa. Y pienso para mí: "si pudieras entender que en la vida hay mucho más que eso..." Debemos enfocarnos en avanzar confiadamente en la dirección de nuestros sueños.

La vida es una obra maestra

Lo cierto es que, en nuestra cultura occidental, la mayoría de nosotros definimos quiénes somos y lo bien que nos va sobre la base de algunos criterios muy artificiales, como: *¿Cuánto dinero estoy ganando? ¿Cuántas cosas están sucediendo en mi vida? ¿Cuántos galardones soy capaz de recoger?* Esta no es la vara adecuada para medir nuestra humanidad, para determinar si estamos o no estamos viviendo el tipo de vida que somos capaces de vivir.

Otra cosa que solemos alabar y casi adorar en nuestra cultura es el rendimiento. Podemos verlo en todo momento: la gente convierte la vida en un concurso, y el rendimiento se mide en términos de: *¿Hasta dónde he llegado? ¿Qué posición he conseguido? ¿Qué premios he obtenido para mostrarme que soy el número uno?* El otro logro es: *¿Hasta dónde he llegado en mi profesión? ¿Cómo me ven mis pares y otras personas en términos de mis calificaciones o de mi posición en la corporación?*

Siempre estamos hablando de logros, metas y rendimiento; son casi los objetivos últimos de nuestra cultura. Lo que me ha ocurrido a mí, y a muchos otros, es que después de haber vivido este tipo de vida durante un tiempo —logrando muchas cosas, rindiendo a un nivel muy alto y consiguiendo muchos premios externos—

pronto descubrimos que todo ello estaba vacío. Tuvimos un sentimiento superficial de que solo estábamos persiguiendo la gratificación de nuestro ego y demostrando que podíamos acumular cuantas más cosas mejor. Cuando el éxito ya no se mide en términos de cómo estás sirviendo a los demás, sino de cómo consigues cosas para ti mismo, puede convertirse en una obsesión. Muchas personas han caído en esta trampa de creer que tienen que acumular cada vez más y rendir continuamente a un nivel más elevado. Si ganan el campeonato, eso es genial, pero, ¿por qué no ganarlo dos veces seguidas? Nadie ha conseguido eso antes. Y si lo hacen dos veces seguidas, ahora tienen que hacerlo tres, y también tienen que conseguir bloquear completamente a sus oponentes. Nada es suficiente.

Cuando estás atrapado en esta trampa de buscar constantemente fuera de ti mismo esas maneras artificiales de definirte como ser humano, descubres que hay una falta de pasión o realización. En lugar de eso, ¿cómo sería hacer de tu vida una obra de arte, una obra maestra que se despliegue a cada momento?

Esto es lo que yo he empezado a hacer. En lugar de considerar mi vida en términos de cuánto puedo conseguir o cuán lejos puedo llegar, ahora estoy viéndola como una obra de arte fabulosa. Puedo darle forma, sombrearla y moldearla, convirtiéndola mientras estoy aquí, en este planeta, en el ideal absoluto de mi contribución al verdadero desarrollo de mi humanidad, de mi propósito.

Cuando pienso en un ejemplo ideal de alguien que ha vivido su vida como una obra de arte, no pienso en cuántas cosas consiguió esa persona ni en el tamaño de su cuenta corriente, ni en lo rápido que podía correr ni en a quién superó en ese proceso. Más bien, encuentro la respuesta en un nivel muy superior. Contemplo las vidas de personas como Jesucristo, Mahoma y Buda; es decir, los maestros espirituales que nos ofrecieron un poderoso mensaje sobre el poder de la mente humana. Los tiempos más recientes nos han ofrecido ejemplos como Mahatma Gandhi, que fue capaz de darle la vuelta al destino de toda una nación que había estado sometida al Imperio británico. Y fue capaz de conseguirlo a través de la no violencia y de un planteamiento amoroso con la gente, no del conflicto ni de cosas debilitantes o destructivas. Puso a la gente de India en el curso de dirigir sus propias vidas, y todo ello a través de una sensación de belleza y aprecio. Esto me resulta muy inspirador.

Por favor, entiende que aquí no estoy tratando de menospreciar, en ningún sentido de la palabra, el rendimiento y los logros. Soy una persona que ha tenido mucho de estas cosas en mi vida, pero, a medida que pasan los años, he descubierto que cada vez significan menos para mí. Sin embargo, han aparecido más a medida que me voy sintonizando con algo más elevado. Es como tener el conocimiento de para qué estoy aquí y de cómo vivir esta vida al servicio de los demás.

Es vital que mantengas un sentido espiritual con respecto a ti mismo, una sensación de compasión, cuidado, amor y decencia hacia todas las personas con las que te encuentras. Trata los conflictos y las dificultades que se presenten en tu camino como oportunidades de aprender a trascenderlas. No necesitas el odio, la ira, la amargura y el aporrear a otros para alcanzar esta vibración más elevada del propósito.

Encontrar tu vocación no significa abdicar de tu papel en la vida; no significa que ya no puedas hacer aquello que hayas decidido hacer para ganarte la vida. Simplemente, ahora actúas desde un lugar de paz. Cuando empiezas a ver que puedes hacer que tu vida se despliegue exactamente tal como quieres que se despliegue el universo, con una verdadera sensación de perfección y armonía, y paz para ti, ciertamente tu vida se convierte en una obra de arte maravillosa.

La paradoja es que, cuanto más hagas esto, todas las cosas que has perseguido con tanto ahínco y con tanta diligencia se mostrarán en tu vida en las cantidades justas. Te habrás rendido: no a otra persona, sino al alejamiento de las cosas que la mayoría de la gente persigue durante toda su vida. Están atrapados en ese circuito tenso y acelerado que insiste en tener que conseguir cosas. *Tengo que rendir. Tengo que ser el número uno. Tengo que ganar a todos los demás a fin de probarme a mí mismo.* Pero tú habrás desarrollado una sensación interna de armonía, y sabrás que este tipo de cosas son determinantes menores del tipo de persona que eres. Ahora estás enfocado en algo mucho más importante: la misión de tu vida.

Enfócate en el momento presente

No puedes vivir una vida con propósito en el futuro o en el pasado. Debes hacerlo ahora, hoy, en este momento. De hecho, uno de los conceptos que debes meterte en la cabeza, y que ayudará a liberarte de pensar de manera derrotista, es el concepto de *ahora*. Nosotros, en Occidente, no sabemos estar en el ahora. Incluso podría parecer que no sabemos lo que significa, porque estamos llenos de preocupaciones sobre nuestras responsabilidades y sobre la necesidad de seguir las reglas. Nos concentramos en ser buenas personas familiares, en ir a trabajar cada día, pagar las facturas y hacer todas las cosas que se supone que tenemos que hacer. Una vez más, todas esas cosas están bien, pero no van a llenarnos de pasión. Cuando vives en el ahora, te permites la libertad de disfrutar del momento, en lugar de posponer esa gratificación o alegría porque tienes algo más apremiante que hacer. Como ya hemos mencionado, el dinero, el prestigio, las promociones, los premios y otros logros nunca podrán darte un verdadero sentido del propósito. Pueden pagar la hipoteca y ofrecerte cosas que poner en los estantes o que colgar en la pared, pero todo ello son motivaciones externas.

Lo que *sí* te da un sentido del propósito son tus motivaciones internas. Es decir, lo que sientes con respecto a ti mismo, cómo evalúas lo que eres, y cuánto estás creciendo y experimentando del mundo. Cuando te enfocas en estas cosas, dejas de buscar la misión de tu vida: ella te encontrará a ti. Como la felicidad y el éxito, el propósito es algo que *eres*, y lo llevas a todo lo que tienes y haces en tu vida.

Ahora bien, pienso que tener objetivos y planes en la vida es importante para todos nosotros. Simplemente hemos de tener presente que cada paso del camino hacia el logro del objetivo es igual de importante que cualquier otro paso, y no deberías enamorarte tanto de un plan como para que no haya lugar para un reajuste. Digamos que antes de salir de viaje, planeas con antelación cada parada, y reservas alojamientos a lo largo del trayecto. Una vez que estás en la carretera, llegas a un lugar muy intrigante donde nunca has estado antes. Tal vez tengan un rodeo al día siguiente, y te encantaría poder quedarte a verlo: pero no puedes, porque tu plan, tus metas, tus objetivos están gobernándote en lugar de ser tú quien gobierna tu vida. Si no puedes adaptarte y ser flexible con las cosas que quieres para ti mismo, eso no es saludable.

Hacer planes y establecer metas puede ser muy saludable siempre que se mantengan en el espíritu del ahora, de permanecer en el momento presente. Voy a darte un ejemplo de mi propia vida. Un mes de octubre, hace muchos años, corrí mi primer maratón. Un año antes, cuando empecé a correr, no se me pasaba por la cabeza la idea de participar en un maratón. Simplemente quería ver si podía correr cada día, un día tras otro; se trataba de ver qué decía mi cuerpo y de ir al paso que yo quería: este era el objetivo para mí. Empecé un día, y al día siguiente decidí repetirlo, aunque me dolían las espinillas y me quedaba sin aliento. Y volví a hacerlo al día siguiente, y al siguiente, y así muchos días seguidos.

Después de tres o cuatro semanas, en lugar de correr dos kilómetros, ya estaba corriendo tres. No había incrementado mi objetivo; más bien, mi cuerpo se estaba permitiendo ir más rápido y más lejos, lo cual es natural. Continué con este proceso de marcarme a diario objetivos individuales, que incluían vivir el presente y disfrutar de mí mismo. Entonces se produjo una especie de mejora automática de mis objetivos: en el plazo de un año estaba en la línea de salida de una carrera de cuarenta y dos kilómetros. Ahora bien, si el año anterior alguien me hubiera dicho que podía hacer eso, yo habría pensando: "debes estar loco para pensar que alguien pueda querer correr 42 kilómetros".

A propósito, acabé esa maratón en tres horas y media. No podía créermelo cuando oí que algunas personas habían dejado de correr después de hacerlo durante poco más de dos horas. Me dije a mí mismo: si sales ahí fuera y corres durante tres horas y media, entonces has conseguido algo. Pero cualquiera puede salir y pararse a las dos horas. Pensé que había ganado por haber estado corriendo más tiempo que los demás participantes. Como sabes, todo puede resumirse en la actitud. Se trata de lo que tú crees.

Digamos que quieres perder peso, dejar de fumar o eliminar algún otro comportamiento adictivo de tu vida. Me parece que la única manera sensata de abordar un propósito como la pérdida de peso es decirte a ti mismo: "Hoy, solo hoy, no voy a comer azúcar". O si estás dejando de fumar podrías decir: "Solo hoy voy a pasar 24 horas sin fumar ni un cigarrillo". O cualquier cosa de la que se trate. Si alguien me preguntara: "¿Puedo realmente hacer eso?", yo le respondería: "Por supuesto. Cualquiera puede hacerlo. No es gran cosa".

De modo que pasa ese día. Y entonces estás al final del periodo de 24 horas, y eres una persona nueva. No te digas a ti mismo en tono derrotista: "de todos modos, mañana voy a volver a querer azúcar. ¿A quién estoy engañando? Mañana por la noche voy a querer tomarme un helado, de modo que por qué no tomar otro esta noche. ¿O es que no voy a poder tomarme un helado durante el resto de mi vida?" Esto te llevará a correr rápidamente a abrir la puerta del frigorífico. No te hagas esto a ti mismo o comerás helados cada noche.

Más bien, al final del día, dite a ti mismo: "Ahora ya he pasado 24 horas sin helado dentro del cuerpo". O si estás tratando de dejar de fumar, di: "Ahora llevo 24 horas sin nicotina en el cuerpo". Después de ese día eres una persona diferente, y puedes dejar que esa nueva persona decida si quiere seguir un día más. No dejes que decida la persona que quiere un helado o un cigarrillo ahora mismo; deja que tome las decisiones la persona que ha conseguido un éxito de 24 horas. Así, al día siguiente, tendrás detrás de ti 48 horas, y así sucesivamente. Tienes la capacidad de ser una persona nueva cada día. ¿No me crees? Pregunta a cualquiera que haya estado en Alcohólicos Anónimos; ellos creen firmemente en el eslogan: *Día a día, poco a poco, paso a paso.* De esta manera es posible gestionar cualquier cosa, lidiando con tu vida día a día. Puedes tener muchos objetivos en este día y no vivir en el futuro en absoluto. Sería absurdo decir que nunca deberías marcarte objetivos; todo el mundo los tiene. Lo que cuenta es cuánto puedes avanzar hacia ellos en el momento presente.

Tienes que vivir cada día plenamente, en lugar de posponer la gratificación o el propósito persiguiendo algo del futuro que podría llegar o no. Y si lo hace, de todos modos muy probablemente serás una persona nueva. Esta es una de las cosas más difíciles de entender. Es decir, si te marcas un objetivo en un momento lejano del futuro, cuando llegues allí serás una persona muy distinta de la que eres ahora.

Lo único que tenemos son momentos presentes en los que vivir. Querer ser algo dentro de cinco años implica que dentro de ese tiempo vas a estar aquí, en este cuerpo, tal como estás viviendo en él ahora. Y eso es mucho suponer. En otras palabras, si siempre tienes esa noción de los cinco años por delante, llegará un momento en el que no podrás conseguirlo. Porque nadie tiene prometido el futuro, y el pasado se ha ido, como la estela que deja el barco. Todo lo que tenemos para vivir es el momento presente.

Disfruta del viaje

Es importante aprender a actuar como si lo que quieres ya estuviera aquí. No tiene sentido pensar: "Quizá, si me marco todos estos objetivos y trabajo duro por conseguirlos, entonces conseguiré lo que quiero. Y estaré encantado una vez que llegue allí". Tal como la felicidad y el éxito son conceptos internos, la satisfacción también es interna. Si crees que vas a encontrar satisfacción alcanzando un objetivo por el que te has esforzado mucho, tu vida estará dedicada a luchar externamente. Lo que necesitas es una psicología del llegar, no del esfuerzo.

Piensa en esta cita de Ralph Waldo Emerson: "Acabar el momento, encontrar el fin del viaje a cada paso del camino, vivir el mayor número de horas buenas, es sabiduría". Y estoy seguro de que estás familiarizado con el dicho: "Se trata de disfrutar del viaje, no de llegar a un destino". Quiero que veas que es tan importante saborear cada paso del camino que te lleva a realizar tus objetivos como llegar allí.

Si te enfocas solo en el esfuerzo, no puedes ser una persona sin límites. Si concentras tu energía únicamente en los objetivos que has de alcanzar en el futuro, siempre serás una persona derrotista que sufrirá la "enfermedad de siempre querer más". Cuando alcances el objetivo, no sabrás qué hacer con él. No sabrás cómo gestionar lo que hayas conseguido en ese momento, de modo que incrementarás el objetivo. Si tu objetivo era conseguir 100.000 euros y los consigues, sentirás la necesidad de tener 200.000, y así sucesivamente. Tu vida consistirá en más esfuerzo, más sufrimiento, más intentar llegar allí. Y si alguna vez "llegas allí", de repente mirarás a tu alrededor, te darás cuenta de que ya eres una persona mayor, y te preguntarás: "¿Adónde se ha ido mi vida?"

No hay absolutamente nada equivocado en perseguir un objetivo mientras lo equilibres con la verdad. La verdad es lo más importante que puedes tener en tu vida. Como he mencionado anteriormente, es muy importante tener integridad, llegar al punto en el que cada palabra que salga de tu boca sea exactamente como es, y exactamente como tú eres. Si te equivocas, eso no significa que seas menos valioso. Simplemente significa que tienes que aprender algo de esa equivocación. Aprende a apreciar lo que tienes que entender de las equivocaciones, en lugar de decir: "He fracasado y eso hace que sea malo. Creo que después de todo no tengo integridad".

Cuanto más operes desde el marcarte objetivos en el sentido de reparar deficiencias, más vivirás una vida de esfuerzo, y cuando llegues adonde quieras estar, no sabrás lidiar con ello porque toda tu vida habrá sido una anticipación de ese momento. Hay mucha gente ahí fuera que, mientras se toman la primera taza de café, están pensando en la segunda. Mientras comen el entrante se están preguntando si podrán tomar un postre. Están tan enfocadas en lo que vendrá en el futuro que no les queda tiempo de saborear lo que tienen en el presente.

Una de las cosas más iluminadoras y empoderadoras que podemos hacer es ser capaces de convertir un momento presente, cualquier momento presente, en una experiencia cumbre.

Piensa en lo que le ocurrió al escritor Fyodor Dostoyevsky, que vivió en Rusia en torno a 1860, bajo el reinado del zar. Cuando Dostoyevsky era joven, se le acusó de estar aliado con un grupo literario de Moscú que estaba intentando destronar al zar estando a favor de ideas subversivas como libertad, que las personas tienen derecho a pensar por sí mismas y a realizar sus elecciones. De modo que el zar acusó a Dostoyevski de ser miembro de este grupo, y fue sentenciado a muerte. Le encerraron en una celda de Moscú y le dijeron la fecha de su ejecución. Cuando llegó el momento, Dostoyevski fue llevado junto con otros cinco reos a ponerse delante de un pelotón de fusilamiento. Tomaron un trapo negro y vendaron con él los ojos al primer hombre, y a continuación los guardias del zar le dispararon y le mataron. Hicieron lo mismo con el siguiente de la línea, y Dostoyevski estaba viendo todo esto justo delante de él.

A continuación, le pusieron la banda negra alrededor de sus ojos y se prepararon para dispararle, puesto que era el siguiente de la fila. ¡Dostoyevski, el autor de algunos de los mejores libros que se han escrito nunca! En el último momento, a él y a otros dos miembros del grupo les conmutaron la pena de muerte. Por algún motivo, el zar decidió cambiarles esa pena por la de diez años de trabajos forzados.

Más adelante, Dostoyevski escribió sobre el valor del momento presente y de aprender a dejarse consumir por él. Por ejemplo, cuando vio una cucaracha en la celda donde había sido condenado a morir, no supuso una molestia. No era una criatura sucia a la que quisiera aplastar con el zapato. Era un milagro.

Hay un viejo dicho que reza: la vida es lo que te ocurre mientras estás ocupado haciendo otros planes. Es muy cierto. Debes entender que, estés donde estés, cada momento de tu vida es un milagro que has de vivir. Deja de buscar milagros en algo del futuro y disfruta de cada paso a lo largo del camino hacia la iluminación.

EJERCICIO DEL DIARIO

Echa un vistazo a la lista de reglas que he incluido antes en este capítulo. ¿Sientes que resuenan contigo? Es decir, ¿has estado viviendo tu vida hasta ahora de acuerdo con esos motivadores externos? Entonces piensa en lo que podrías hacer en lugar de eso y anótalo en el diario. Has de saber que hay muchas probabilidades de que cualquiera de las cosas que acabas de anotar apunte en la dirección de tu propósito.

CAPÍTULO 10

HAZ LO QUE
TE HAGA FELIZ

Creo que todos venimos aquí con una misión. Tenemos lecciones, cosas que aprender mientras avanzamos por el camino hacia la iluminación. Para algunos de nosotros no llevará mucho tiempo; para otros, el tiempo podría alargarse mucho. Algunas personas tienen treinta años de experiencia, mientras que otras tienen un año de experiencia repetido treinta veces. Es decir, algunos están enfocados en crecer y en obtener todo lo posible de la vida, mientras que otros repiten lo mismo una y otra vez. Son las dos aproximaciones del afirmador y del negador, y no son lo mismo para todos.

Un buen amigo que es médico me confesó:

—La práctica médica me está desgastando mucho. Me siento quemado. Sin duda estoy ganando mucho dinero y todo eso, pero esto no es lo que quiero hacer. Quiero ser comentarista deportivo.

Pensaba que podía practicar con equipos juveniles y fantaseaba con hacer una prueba.

—Entonces, ¿por qué no vas a por ello? —dije yo—. Eres médico y ciertamente esa es una profesión noble, pero, ¿por qué querrías seguir con ella si no es eso lo que quieres hacer?

—Hace mucho decidí lo que iba a ser y ahora no puedo cambiarlo. Soy médico: eso es lo que soy.

—¿Quién decidió que ibas a ser médico? —le pregunté.

—Yo lo hice. Tomé esa decisión cuando tenía dieciocho años.

—¿Consultarías ahora a un adolescente para obtener guía vocacional con respecto a lo que deberías hacer con tu vida? ¿Confiarías en el consejo de un joven de dieciocho años para eso?

—Por supuesto que no.

—Bueno, pues eso es exactamente lo que estás haciendo ahora.

¿Qué ocurre si, como mi amigo, quieres cambiar los planes que pusiste en marcha hace muchos años? Si ya estás introducido en una profesión, pero después te das cuenta de que no te gusta, o de que ya no supone un reto para ti, tal vez sientas que no puedes cambiar las cosas porque estás muy encerrado en ese plan. Bien, si no te sientes feliz ni realizado con lo que estás haciendo en este momento, tienes la opción de cambiarlo. No tienes que permanecer apegado a lo que has sido. Lo que has sido es producto de las elecciones que hiciste en un momento dado, y siempre tendrás la capacidad de cambiar de opinión.

Supongamos que mi amigo tenía dieciocho años y decidió ser médico, pero después cambió de opinión al entrar en la facultad de medicina. ¡Eso habría estado bien! No habría sido una decepción ni una frustración horrible; de hecho, hacer ese cambio de planes probablemente le habría llevado con mucha más rapidez al lugar donde quería estar en la vida.

Recuerda, lo que se considera un fracaso en realidad podría ser una oportunidad. De modo que, en lugar de seguir adelante con un plan que sabes que no es adecuado para ti, simplemente di: "Ahora creo que voy a ir en esta otra dirección", y averigua qué *es* lo correcto. ¿Por qué querrías pasar un segundo más haciendo algo que no quieres hacer? Después de todo, nadie sabe cuánto va a durar su vida. Sin embargo, puedo garantizarte que será mucho más larga y significativa si reencuadras tu pensamiento y practicas las técnicas de las que he hablado a lo largo de este libro.

Eres único

Cuando abordo esta cuestión de cambiar el curso de la propia vida puedo escuchar un rumor colectivo que se extiende por todo el país. Sé que muchos de vosotros estáis pensando: "Sí, pero tengo responsabilidades"; "Sí, pero tengo una hipoteca; "Sí, pero…" Hay muchos de estos *Sí, pero,* y surgen del temor.

Quiero dejar muy claro que no puedes tener éxito a menos que estés dispuesto a fracasar. ¿Sabes que el mismo año que el jugador de béisbol Babe Ruth logró sesenta carreras también fue eliminado ochenta y nueve veces? Si quieres conseguir muchas carreras, tienes que estar dispuesto a que te eliminen. En el proceso tendrás la oportunidad de ver dónde estás y cómo te va en tu camino.

Esto no significa que tengas que enfocarte en ser mejor que los demás: si para ser un ganador tienes que derrotar a todos los demás, siempre serás un perdedor, porque no hay nadie, por muy grande que sea, que pueda derrotar siempre a todos los demás. Esta no es una buena definición de lo que significa ganar, en absoluto. Si tienes que compararte con alguna otra persona para decidir cómo te está yendo, entonces el rendimiento de esa otra persona está determinando lo bien que te va.

Las personas sin límites no se comparan con otras personas para medir dónde están. Dicen: "Así es como esa persona está corriendo. Esa persona ha llegado hasta ahí en su desarrollo musical, o en cualquier otro ámbito de la vida. No tiene nada que ver conmigo. El lugar donde me encuentro depende de lo que yo decida ser". No hay nada de malo en salir ahí fuera y competir en una carrera o en un partido de golf, o en cualquier otra cosa. Pero comprende que el objetivo no es evaluar quién eres y cuán valioso eres, sino determinar dónde están tus habilidades en comparación con las de tu competidor. Y cuando acaba la competición, se acabó. También es importante llegar al punto de dar la bienvenida al fracaso, porque esa es la mejor manera de aprender. No se aprende mucho de una victoria: simplemente se sigue igual. Pero cuando sufres una pérdida o fracasas en algo, esa es una experiencia maravillosa porque te brinda la oportunidad de crecer. Así, en mi caso, toda esta cuestión de fracasar no me preocupa en absoluto.

Otro miedo es: "no gustaré", o "alguien no me aprobará". Las personas sin límites no dirigen su vida en función de lo que otros dicen o piensan que ellas deberían hacer; ni siquiera prestan atención a las opiniones externas. En cambio, dicen: "Me enfoco en hacer lo que mis propias señales internas me indican. Mientras no haga daño a nadie ni interfiera con su derecho a dirigir su vida como desee, lo que yo haga estará bien". A propósito, en esto consiste la moralidad: tu derecho a lanzar un puñetazo acaba donde empieza mi derecho a que mi nariz conserve su forma natural. Eso es todo. Esta es la única moralidad que hay, y las personas sin límites lo saben.

Si tratas de dirigir tu vida basándote en motivaciones externas, como por ejemplo en lo que dicen, piensan o sienten los demás, has de saber que siempre habrá alguien —o un gran número de ellas— a quienes eso les va a disgustar. No puedes agradar a todos en todo momento. Es imposible. Asimismo, todas las grandes ideas vienen de algún innovador, y los innovadores son personas sin límites que hacen las cosas de manera diferente y no tratan de agradar a los demás. Al reflexionar sobre ello, si tratas de agradar a los demás, o si tratas de ser como los demás, ¿qué vas a tener para ofrecer tú personalmente? Solo podrás ofrecer lo mismo que otros.

Es hora de que te adueñes de tu singularidad. Es importante reconocer que nadie llegará nunca a entenderte completamente porque eres especial. Eres una creación única, y nadie va a poder estar detrás de tus globos oculares y ver las cosas como tú. Por lo tanto, solo hay un jefe en tu vida, y ese eres tú. Conozco bien cómo es el mundo laboral ahí fuera: he estado en él toda mi vida. Y también sé que es a la persona que te mira desde el espejo a la que en verdad tienes que responder cada día.

Toma el riesgo

Si estás en un trabajo en el que te sientes insatisfecho, lo primero que tienes que hacer es cambiar de actitud hacia él. Si una persona sin límites fuera sentenciada a confinamiento solitario, sabría qué hacer para que esa situación funcionara bien para ella. Esto es lo que han sido capaces de hacer las personas que han sido sometidas a las condiciones más horribles, como los supervivientes de los campos de concentración nazis. Podía tratarse de contemplar una hoja de hierba, un rayo de sol, de compartir un trocito de pan o una historia muy hermosa...

eran capaces de tomar el momento y de vivirlo plenamente. Si hubo gente capaz de sobrevivir en aquellas condiciones, no puedo pensar en ningún trabajo del mundo en el que no puedas cambiar de actitud para mejorar tus condiciones. Y, a propósito, una vez que cambias de actitud, aumentan tus posibilidades de ser promocionado o de salir de allí y hacer otras cosas.

Si has intentado cambiar de actitud, pero todavía no tienes ese sentido del propósito que es tan importante, es el momento de asumir un riesgo. Cambia tus circunstancias; deja el trabajo. No vas a dejar que tu vida se desmorone. Te aseguro que si siempre has pagado tus facturas, eso te define. Y esa es la parte de ti con la que deberías consultar, en lugar de esa otra que insiste en que ocurrirá un desastre si decides hacer la elección de cambiar de profesión. Me gusta esta cita que se suele atribuir a Mark Twain: "Soy un hombre mayor y he tenido muchos problemas. La mayoría de ellos nunca ocurrieron". Mucho de lo que prevés que va a ser terrible, todos los desastres que crees que te van a acontecer por haberte arriesgado, solo están en tu cabeza.

Sal ahí fuera y haz lo que tengas que hacer: prueba otro trabajo, sal de esa relación, trasládate a otra parte del país o del mundo; haz algo que siempre hayas querido hacer. Al principio, es posible que tengas que esforzarte o que no ganes tanto dinero. Sin embargo, también es probable que te vaya mejor. La mayoría de la gente siente que lo más valioso es tener una misión personal. No puedes poner precio a cómo te sientes cada día cuando haces algo que es importante para ti.

Yo soy un clásico ejemplo de lo que estoy diciendo. Era profesor universitario y terapeuta en Nueva York, y daba muchos talleres y conferencias. Tenía un puesto seguro en una universidad importante; sin embargo, la idea de trabajar para otros cada día de mi vida no me ofrecía el sentido del propósito que deseaba. De modo que dije: "No quiero esto. Voy a dedicarme a escribir; voy a hablar con la gente y voy a salir en televisión. Voy a conseguir que esto ocurra". Cualquiera que me conociera antes de hacerme famoso sabe que lo anuncié a los cuatro vientos, en todas mis clases.

Oí decir a mucha gente: "Ahora mismo, lo que menos necesita el mundo es otro libro de autoayuda, y ciertamente tampoco necesitamos otro psicólogo que nos aconseje qué hacer". Pero no me importó. Escribí *Tus zonas erróneas* y encontré un editor dispuesto a darle una oportunidad. Cuando me contaron que no podía acceder a un canal de televisión para promocionar el libro porque yo era un desconocido, dije: "De acuerdo, entonces saldré en WBAB", que era un pequeño canal de Babylon, Nueva York. Allí hice mi primera entrevista. Tal como he dicho antes, también fui a otros lugares, donde salía por la radio o en programas de televisión locales y hablaba a quien quisiera escucharme.

Cuando me dijeron que mi editor no iba a distribuir copias de mi libro para venderlas en las ciudades que visitaba, dije: "No hay problema, las llevaré conmigo". Y cuando oí que no iban a hacer una segunda impresión, les dije: "Enviadme lo que queda de la primera", y un día llegaron a mi garaje dos mil libros. Cuando se confirmó que no lo iban a reimprimir, dije: "Bueno, ya no os queda nada de la primera impresión, está todo vendido". No cabía duda porque era yo mismo quien había comprado todos los libros restantes, por lo que habían vendido todo.

Como no tenía muchos recursos, tuve que pedir un préstamo para comprar esos libros, pero estaba dispuesto a hacer cualquier cosa para convertir mi sueño en realidad. La cuestión era no dudar de él ni una vez en toda mi vida. Iba a una emisora de radio y la gente preguntaba: "¿Dónde podemos conseguir el libro?" En cualquier ciudad a la que fuera, me hacía una lista de las librerías más cercanas y les decía: "Podéis comprarlo en esa librería de ahí y en la otra de allá". Muy pronto, las librerías empezaron a recibir llamadas para comprar un libro que no tenían. Entonces yo llegaba a las librerías con mi pequeño camión y con copias de *Tus zonas erróneas*. Y oía:

—Ya tenemos varias peticiones de ese libro. ¿Dónde está?

Yo les ofrecía las copias y preguntaba:

—¿Quieres que te deje un par de cajas? Si nos las vendes puedes devolverlas.

Y ellos decían que sí. Me convertí en mi propio distribuidor, y finalmente el libro se agotó. Fui por todo el país, haciendo incontables entrevistas, conduciendo de una ciudad a otra; salí allí fuera y me gasté un dinero que no tenía. Después de haber hecho muchos intentos de aparecer en *The Tonight Show,* finalmente me llamaron y me dijeron que les gustaría que fuera, y a partir de ahí el libro despegó.

Después de hacer todo eso, ¿sabéis lo que oía una y otra vez?

—Chico, has tenido suerte, has acertado en el momento oportuno. Las cosas te han salido muy bien.

Nadie parecía entender la cantidad de trabajo que había detrás de este éxito que se había producido "de la noche a la mañana". Cuando en 1976 rechacé la oportunidad de tener trabajo para el resto de mi vida y mucha seguridad externa, y salí a hablar de *Tus zonas erróneas* por todo el país, todo el mundo me dijo lo loco que estaba. Pero nunca escuché lo que me decían; siempre he escuchado a quien yo soy. Sabía que, pasara lo que pasara, mis señales internas me estaban indicando que eso era lo que tenía que hacer. No podían impedir que hiciera lo que sabía que era correcto para mí.

Como he dicho muchas veces, escribir siempre ha sido parte de mí. No podría dejar de hacerlo nunca. Escribir me encanta, independientemente de si vendo libros. Me siento muy lleno cuando escribo porque sé que detrás de mí estoy dejando huellas imborrables.

Es curioso que cuando por fin dejé el puesto de profesor universitario e hice lo que realmente me encantaba hacer y en lo que creía, aquel primer año gané más dinero que en los 35 años anteriores. Eso es: en un año gané más dinero que en el resto de mi vida. Y no fue porque tuviera suerte ni porque me pasaran cosas especiales. No tuve más oportunidades que cualquier otra persona. De hecho, tuve menos. Venía de la completa pobreza y de pasar muchos años en casas de acogida y orfanatos, y tuve que aprender a abrirme camino solo en medio de todo ello. No, gané más dinero porque estaba avanzando confiadamente en la dirección de mis sueños. Salí ahí fuera y viví la vida que me había imaginado.

Ama lo que haces y haz lo que amas

Recientemente hablaba con una persona que ha estado trabajando en una fábrica de Indiana durante 29 años. Me explicó que su verdadero amor es su plantación de manzanos, en la que tiene 290 árboles. Sabía mucho de los distintos tipos de manzanos: cuánta agua tienes que darles, dónde plantarlos, cuándo cosecharlos, y qué pesticidas son seguros y cuáles no. Le gustan tanto sus manzanas, y sin embargo se pasa el 99 por ciento de su vida haciendo algo que no le gusta.

Yo dije:

—Donde verdaderamente disfrutas es en la plantación, ¿cierto?

En su rostro se dibujó una enorme sonrisa.

—Ah, me encanta estar allí. En esos momentos me siento cerca de Dios.

—¿Tienes alguna manera de montártelo de modo que no tengas que ir a la fábrica —le pregunté—, de modo que no tengas que pasarte la vida de esta manera tan poco auténtica, siempre pensando en cuánto te disgusta lo que haces?

—¡Vaya! Nunca había pensando en ganarme la vida con ello.

—Siempre hay alguien que tiene que comprar manzanas. Hay que hacer salsa de manzana y pasteles de manzana —respondí—. Si ya sabes qué es lo que te llena, solo es cuestión de correr algunos de los riesgos que eso conlleva. Entonces, ¿por qué no corres esos riesgos? ¿Por qué limitarte en cualquier sentido? ¿Qué tal si te das a ti mismo una oportunidad?

Lo que estaba tratando de decir a este hombre es: "Tienes que amar lo que haces y tienes que hacer lo que amas". Todo el mundo puede hacer esto. Creo que no importa tanto lo que estés haciendo. Ahora bien, si no te gusta, tienes opciones. Tu primera opción es correr el riesgo de —como dijo Joseph Campbell—: "Seguir tu dicha: hacer lo que te haga feliz".

Y si no estás dispuesto a correr el riesgo, siempre puedes cambiar de actitud. Por ejemplo, este hombre podría decir: "De acuerdo. Solo voy a trabajar en la fábrica seis u ocho horas al día, y después iré directamente a la plantación de manzanos". Esto es lo que ya estaba haciendo, aprendiendo a ir al trabajo en la línea de ensamblaje con una actitud más positiva e intentar hacerlo divertido. Puedes cambiar, aunque al principio te parezca un proceso incómodo. La gente a la que le importas apoyará que consultes tus señales internas y que hagas lo que tengas que hacer. Descubrirás que puedes vivir con mucho menos, siempre que estés alegre. La idea de que tienes que tener y acumular muchas cosas para vivir feliz es un gran mito.

No puedes tener éxito sin correr riesgos; no puedes tener éxito si continúas haciendo lo que siempre has hecho porque siempre lo has hecho. La única compensación que recibes por eso es defender tu desdicha. Es como argumentar a favor de tus limitaciones: lo único que conseguirás son más limitaciones.

Yo no creo que darse oportunidades sea arriesgado en absoluto, especialmente si se trata de hacer lo que más te gusta. Si te imaginas teniendo éxito y crees que tu proyecto va a funcionar, y no permites que entre en tu cerebro ninguna otra imagen, esas imágenes quedarán almacenadas dentro de ti como si ya estuvieras ahí fuera trabajando en ello. Y si te dejas guiar por esa imagen y no la sueltas, no podrás evitar que se convierta en realidad. Es una ley del universo.

Cuando aprendes a ver cada obstáculo como una oportunidad de darte cuenta de lo que tienes que hacer para cambiar y hacer algunos reajustes, al cabo de algún tiempo los riesgos dejan de ser riesgos. Solo les parecen arriesgados a las personas que están empezando el camino, que están empezando a averiguar lo fácil y lo perfecto que es todo. Cuanto más avances, menos riesgos habrá. Y cuando te conviertes en una persona sin límites, no te importará si fracasas, o si a alguien no le gusta lo que haces, o si no "encaja". Este tipo de cosas dejan de preocuparte, y te resulta más fácil ser lo que sabes que tienes que ser.

Es inteligente insistir en la idea de aquello que tienes muchas ganas de ser, aunque tengas que arriesgarte. Has de perseverar aunque todavía no sepas cómo vas a triunfar. Si bien es posible que el camino que tienes por delante todavía no esté claro, tiendes a animarte al dar los primeros pasos.

Se trata de "simplemente hacerlo". Esta es la palabra clave: *hacer*. Si tenemos un bolígrafo sobre la mesa que está frente a nosotros y yo te digo: "Bien, quiero que trates de coger ese bolígrafo", ¿qué va a ocurrir? Vas a cogerlo, ¡no te vas a limitar a intentarlo!

De modo que a cualquier tipo de intento se le podía llamar "no recoger el bolígrafo". Cuando lo intentas, todavía no lo has cogido. Pero, una vez que lo coges, el bolígrafo ya está en el aire. El intentar es un invento humano; lo importante es el hacer. Cuando salgas ahí fuera y hagas lo que amas hacer, estarás cumpliendo tu misión en la vida.

Sé un principiante, y deja entrar lo nuevo

Una vez oí la historia de un profesor universitario que era experto en budismo y religiones orientales, y había escrito cuatro o cinco libros sobre el tema. Siempre había querido conocer a un maestro zen concreto que vivía en India, de modo que fue a visitar a este gurú. El maestro era un hombre muy mayor, pacífico y amable, y el experto empezó a hablarle de lo que sabía sobre el Zen, el budismo y así sucesivamente.

El maestro le detuvo y le preguntó:

—¿Quieres tomar una taza de té?

—Sí, eso estaría muy bien.

El gurú tomó una taza de té y la puso en un platillo. El hombre continuó hablando de todas las cosas que sabía. El maestro empezó a verter té sobre la taza. El hombre seguía hablando. Entonces la taza se llenó, pero el maestro seguía vertiendo té. El té empezó a derramarse de la taza al platillo. Mientras el hombre hablaba, el maestro continuaba vertiendo. Ahora el té había llegado al suelo y salpicaba los pies del visitante.

Finalmente, el erudito dijo:

—Perdone, maestro, la taza está llena.

Y el maestro replicó:

—Tú eres como esta taza. Estás tan lleno de todo lo que sabes que no tienes sitio para dejar que entre nada nuevo.

Muchos de nosotros somos como esa taza de té: estamos tan llenos de todas las cosas que hemos aprendido que ya no nos queda sitio para que entre nada más. Nuestro saber se está derramando y está yendo más allá de nosotros. Si pudiéramos ver esta metáfora en nosotros mismos, entenderíamos que en los ojos de un principiante hay millones de opciones; pero en los ojos de un experto solo hay una o dos.

Cuando se trata de hallar aquello que te hace feliz, abórdalo siempre desde un punto de vista de principiante, nunca de experto. Imagina que vas a aprender a jugar al tenis. Si nunca has jugado antes, y alguien te da una raqueta y te dice: "Ahora intenta este tipo de tiro", estarás abierto a intentarlo. Estarás dispuesto: "Voy a hacerlo". Lo intentarás de una manera y de otra, pues el principiante tiene miles de opciones a su disposición y está dispuesto a probarlas todas.

Si hablas con un experto sobre cómo dar cierto tipo de golpe, solo sabrá una manera de hacerlo. Esto no solo es aplicable al tenis, también a tu negocio, a tus relaciones, y a todas las cosas de la vida. Conforme avances por tu camino, debes seguir siendo un principiante. Puedes quedarte muy empantanado en lo que sabes y en la negatividad que lo acompaña —todo el rechazo y los juicios— porque tienes que negar o ignorar otros puntos de vista a fin de asegurarte de que solo se escuche el tuyo. Así, dentro de ti no queda sitio para algo nuevo, para algo interesante, para algo diferente, para algo que te haga crecer.

Ten cuidado con los expertos. Ten cuidado de no convertirte en uno de ellos, porque entonces te limitas. Al limitarte, tu dicha o tu propósito no pueden encontrarte. Es como una arteria que está taponada por el colesterol: nada puede fluir a través de ella porque está cegada. Tienes que desatascarte. Y la manera de hacerlo es abrirte, avanzar confiadamente y hacer las cosas que tienen sentido para ti, las cosas que te hacen sentirte bien, que están al servicio de los demás, que son útiles a otras personas.

En el *Bhagavad Gita* se dice que una de las grandes lecciones consiste en comprender cuánto mejor es hacer tu propio trabajo, incluso si tienes que hacerlo de manera imperfecta, que hacer perfectamente el trabajo de otro. Muchas personas no entienden esto, especialmente en la cultura occidental. Hemos de entender que si haces lo que te ofrece dicha, aquello que realmente tiene que ver contigo, lo que te brinda verdadera motivación es avanzar confiadamente en la dirección de tus sueños. Incluso si no lo haces tan bien como otros, o si no lo haces como otros creen que deberías hacerlo, es mucho más iluminador y mejor para ti como persona. En último término, servirá a los demás de manera mucho más notable que sientas dicha al hacer tu trabajo que hacer perfectamente el trabajo de otro. Recuerda: *Eres tal como piensas. Te conviertes en aquello en lo que piensas. Como pienses, así serás.* Siempre es importante que continúes recordándotelo. Una vez que estás en armonía, lo que tienes para dar es armonía. Se vuelve muy claro lo que tienes que hacer y por qué lo haces. No te alejas de la claridad. Si estás haciendo lo que alguna otra persona piensa que deberías hacer, aunque lo hagas perfectamente, dentro de ti, donde tú vives, estarás lleno de repugnancia, hostilidad y desarmonía. Y si eso es lo que piensas, lo que se expande es esa repugnancia, hostilidad y desarmonía. No puedes ser auténtico a menos que hagas lo que te produce dicha.

He ido descubriendo que esto era así para mí en muchos de los trabajos que iba teniendo a lo largo de los años. Hasta que no los dejaba y hacía lo que más me gustaba, aunque no lo hiciera tan bien como las cosas que hacía antes, no llegaba a ser auténtico conmigo mismo. Solo entonces mis pensamientos, mi espíritu y mi alma estaban dichosos, y yo me encontraba en armonía.

Los aspectos prácticos de la vida dichosa

La gente me pregunta una y otra vez: "¿Es práctico hacer lo que te produce dicha en un mundo que exige pagar hipotecas, las facturas de los servicios y de los seguros, y demás cosas?" La respuesta es: "Si piensas de manera abundante, la abundancia lloverá sobre tu vida". También está la cuestión de lo adicto que eres a tu actual estilo de vida, a la creencia de que tienes que tener todas las facturas que tienes.

Cuando Thoreau fue a Walden, escribió: "¡Simplicidad, simplicidad, simplicidad! Yo digo: que tus asuntos sean dos o tres, no un ciento o un millar". También tienes la opción de hacer esto: procura reducir la cantidad de presiones externas que tienes que soportar, procura limitar los gastos. Aunque no lo creas, es muy fácil volver a la simplicidad. Basta con mirar atrás en tu vida, a esos tiempos en los que todo era más simple: cuando no necesitabas que alguien viniera a hacer las tareas domésticas, cuando estabas más al cargo de tu vida. Esto es una opción, que actualmente yo ejerzo cada vez más.

Otra opción es creer que, cualquiera que sea tu nivel actual de ingresos, vas a poder mantenerlo haciendo lo que te hace feliz: cree eso y asume los riesgos que conlleve. La respuesta a si podrás pagar tus facturas o no está en tu propia historia. Si siempre has sido una persona que ha pagado sus facturas, no vas a convertirte de repente en alguien que no las paga. Pero si eres una persona que nunca ha sido responsable en cuanto al pago de sus facturas, probablemente no las pagarás, aunque estés haciendo lo que te produce dicha.

Muchas personas examinan la historia de su vida y ven que siempre han sido responsables, pero después les surgen temores de que se volverán irresponsables si hacen algo diferente. En lugar de confiar en esa historia, en ese largo catálogo de actitudes responsables que ha sido tu vida, surge en ti ese horrible temor que te dice de repente: *Ya no voy a ser capaz de hacer esas cosas.*

En lo relativo a las personas que no han sido responsables en su vida, he descubierto que no es que sean así porque no están haciendo el tipo de trabajo que más les gusta, ni nada parecido; son así porque eso es lo que han aprendido a hacer. Eso es lo que han adoptado como estilo de vida. Dejan las facturas sin pagar, y lo hacen tanto si tienen 14 años como si tienen 30. Cuando se retiran, están arruinados. Culpan a la vida y a las circunstancias, a la mala suerte y a las demás cosas que tanta gente culpa por las condiciones de su vida. Por otra parte, las personas que han sido responsables siguen siéndolo, pase lo que pase.

Una de las cosas más interesante que recuerdo haber leído sobre la vida de Gandhi fue que un grupo de reporteros le pidió resumir su filosofía en unas pocas palabras. Citó un gran texto védico, los *Upanishads*: "¡Renuncia y disfruta!" Con esto no se refería a renunciar al trabajo que haces, sino a renunciar al apego a cómo puedan salir las cosas y a simplemente disfrutar de ellas. Hay otras tres palabras que significan lo mismo: *sigue tu dicha*. Y solo descubrirás lo que es tu dicha cuando te liberes de las cosas negativas que impiden que la dicha llegue a tu vida.

Mira siempre adentro

Mucha gente cree que seguir tu dicha es "fácil de decir, pero muy difícil de hacer". Mi respuesta a esto es que solo es difícil de hacer si crees que es difícil, como cualquier cosa en la vida. Cada uno de los problemas que tienes como ser humano, tanto si es un problema laboral, relacional, en la economía o en la espiritualidad, cualquiera que sea el problema que tengas, ese problema está en ti.

El goteo del grifo solo es el goteo del grifo. Eso es todo lo que es. La inspección de Hacienda solo es una inspección de Hacienda. Eso es lo que es. Que tus hijos suspendan la asignatura de álgebra solo es que tus hijos suspenden en álgebra. Eso es lo que es.

Cuando se convierte en un problema para ti, de algún modo ahora el problema es tuyo. Y cuando se hace tuyo, solo puede hacerse tuyo a través de tu mente. Eso es lo único que puede hacer de ello un problema: tu mente. *Cada problema que afrontas es una experiencia mental, algo que experimentas en tu pensamiento.* Lo llevas por ahí contigo, piensas en él, vas a dormir con él, pero sigue estando en la parte invisible de ti, en tu mente.

Ahora bien, si aceptas que el problema reside en cómo estás procesándolo —es decir, en cómo estás usando la mente— entonces tienes que preguntarte: "¿Dónde está la solución?" Si crees que la solución está en que el grifo deje de gotear, o en que tu hijo saque sobresaliente en álgebra, o en que la Agencia Tributaria te diga que ha decidido devolverte dinero en lugar de hacerte una inspección, estás viviendo una ilusión.

El hecho es que cada problema está en tu mente, y también cada solución: no puede ser que la solución esté fuera de ti pero el problema dentro. De modo que elige ahora mismo dejar de buscar fuera de ti las soluciones a las cosas que están dentro de ti.

Piensa en esta historia: un hombre había perdido una llave. Estaba buscándola debajo de una farola y entonces se presentó su amigo y le preguntó si podía ayudarle. Después de mirar durante un rato, el amigo volvió a preguntar:

—¿Pero dónde perdiste la llave?

—Se me cayó dentro de casa.

—Entonces, ¿por qué estás buscándola aquí fuera?

El hombre respondió:

—En casa no hay luz, de modo que he decidido buscarla aquí, que hay más luz.

Ahora bien, ¿qué sentido tiene buscar bajo la farola una llave que has perdido dentro de casa? Esta analogía es aplicable cuando buscas fuera una solución a cualquier problema. Si estás buscando la solución debajo de la farola cuando el problema está dentro, estás viviendo una ilusión. Si tienes un problema, se debe a cómo piensas. La única manera de resolver el problema es cambiar tu manera de pensar, y entonces encuentras la solución dentro. Si la Agencia Tributaria te dice que no te va a hacer una inspección, y que de hecho te va a devolver dinero, y tú dices: "Eso es lo que ha deshecho el problema," te equivocas. Lo que ha deshecho el problema es que has procesado el suceso de una manera distinta. Sé que esto puede ser difícil de aceptar para ti, pero la solución a cualquier problema siempre está en tu manera de pensar.

Para dedicarte a hacer lo que te produce dicha, primero tienes que creer en que puedes hacerlo. Si crees que no puedes, que en tus actuales circunstancias no puedes hacer lo que amas y amar lo que haces, eso es exactamente lo que se expandirá para ti. Puedes parar aquí mismo y cerrar este libro, porque no vas a ser capaz de perseguir tu dicha si crees que eso solo es algo que yo puedo decir, y no algo que tú puedes hacer.

Debes creer: *hay una posibilidad de que, dadas las circunstancias de mi vida, yo también pueda hacer lo que amo y amar lo que hago. Puedo hacer eso.* La solución, que es ser capaz de hacerlo, está dentro de ti, tal como el problema de ser incapaz de hacerlo también está dentro de ti. Nunca busques que cambien las cosas fuera de ti para sentirte más feliz.

Aquí hay tres puntos clave que vamos a considerar:

1. Debes creer que seguir tu dicha es posible. Esto implica examinar (o reexaminar) tu resistencia a hacer lo que amas. ¿Qué te impide hacer lo que amas y amar lo que haces, independientemente del éxito, del rendimiento, de los logros y de las adquisiciones?

Te garantizo que si entrevistas a mil personas, novecientas noventa y nueve de ellas te van a decir: "No es práctico. Yo no puedo hacer eso. Hace mucho tiempo tomé la decisión de hacer lo que estoy haciendo ahora. Y aunque no me gusta, tengo que seguir con ello. Mi familia no me apoyaría. No puedo asumir los riesgos de hacerlo".

Cuando examino mi propia vida antes de hacer lo que amo y amar lo que hago, esto es lo que más destaca: aunque era un profesor universitario y un terapeuta muy bueno, estaba haciendo perfectamente el trabajo de otras personas a expensas de hacer imperfectamente lo que yo quería hacer. Porque no había sido escritor. No había trabajado por mi cuenta. No había perseguido mi pasión.

Iba y volvía disciplinadamente del trabajo cada día: mi vida se había vuelto muy rutinaria, muy opaca, y estaba sofocando mis impulsos creativos. Esto es lo que ocurre cuando entras en el camino correcto: llega un momento en el que ya no puedes tolerar seguir haciendo lo que no quieres hacer. Ahora bien, algunas personas no tienen problema con llevar una existencia rutinaria. Continúan repitiendo el mismo tipo de cosas una y otra vez, en nombre de que algún día conseguirán un reloj de oro, o algo parecido. Bueno, eso no es para mí.

Empecé a pensar cómo sería una vida dichosa. Empecé a ver imágenes de mí mismo levantándome por la mañana y, en lugar de vestirme, iba a la máquina de escribir en pijama. Para mí, ir a trabajar en pijama era una imagen maravillosa: me encantaba visualizarme levantándome de la cama, yendo a la máquina de escribir, haciendo lo que quería hacer y teniendo el control. Empecé a visualizarme haciendo eso, escribiendo en mi propio horario, en mis propios términos, y consiguiendo dar a conocer mi trabajo. Empecé a verme a mí mismo haciendo eso. Cuando cambias los pensamientos, o las imágenes internas, acabas haciendo cambios en la parte Divina de ti.

Cuanto más me veía a mí mismo haciendo esto, más empezó a hacerse realidad para mí. Lo único que todavía no había hecho era permitir que mi yo físico persiguiera mi sueño. Descubrí que me sentía cada vez más descontento conduciendo cada día al trabajo y de vuelta a casa por la autopista de Long Island. Y entonces, un día, me harté. Llegué a la universidad, fui directamente al despacho de la decana y le dije que lo dejaba. Aunque estaba haciendo un excelente trabajo y tenía un futuro muy prometedor, simplemente no podía seguir haciéndolo. De modo que anuncié que me iría al final del semestre.

Ese día, cuando conduje de vuelta a casa, viví el momento más pacífico que puedo recordar de mi vida laboral. Al ir por la autopista el tráfico era diferente, el cielo era diferente, el interior de mi coche era diferente. Me sentía tan emocionado, tan lleno de alegría, sabiendo que por fin iba a disfrutar de la libertad que siempre había anhelado. Verdaderamente no se trataba del dinero. Se trataba de salir ahí fuera y probar cosas. En cuanto empecé a examinar los riesgos, me dije: "Puedo con ellos".

2. No escasean las oportunidades de ganarte la vida con lo que amas. Lo único que escasea es la resolución para hacer que eso ocurra. Esto es muy importante. Sea lo que sea lo que ames, sea lo que sea lo que te haga dichoso, has de saber que ahí fuera hay personas que se están ganando la vida con ello. La falta de resolución viene del miedo: "probablemente fracasaré"; "esto no va a funcionar"; "los demás se reirán de mí".

Recuerda, las opiniones de los demás solo son eso, opiniones. Tienes que llegar al punto de no dirigir tu vida ni motivarte en base a lo que alguien ahí fuera pueda decir o dejar de decir. ¿Por qué deberías escuchar la opinión de otra persona con respecto a cómo vivir tu vida? El riesgo de encontrarte con la desaprobación deja de ser un riesgo cuando ves la desaprobación tal como es. Cuando alguien aprueba o desaprueba algo que haces o dejas de hacer, eso no dice nada sobre ti. Tiene que ver con ellos.

Y, una vez más, cuando vas avanzando por el camino hacia la iluminación, descubres que no existe tal cosa como el fracaso, puesto que todo lo que haces produce un resultado. La cuestión no es si vas a producir resultados o no, sino ¿qué vas a hacer con los resultados que produzcas? Si vas a dar el primer golpe a una bola de golf y esta sale desviada, no has fracasado, has obtenido un resultado.

Puedes hacer muchas cosas con el resultado obtenido. Podrías decir: "¿Ves? Te lo dije, no sé pegarle a la bola de golf. No soy muy atlético. No soy ese tipo de persona. No tengo talento para esto. Siempre he sido así. No puedo evitarlo. Es mi naturaleza". Puedes usar todas estas excusas para no volver a golpear otra bola de golf. O puedes decir: "Más vale que vuelva a intentarlo. ¡Mira cómo le doy esta vez!" Y te pones a practicar una y otra vez... de este material están hechos los campeones. No fracasas en nada: produces resultados en todo tipo de cosas.

3. Si te niegas a cambiar lo que estás haciendo, entonces practica el amarlo cada día. Es posible que no quieras renunciar a tu trabajo, y en muchos casos esto es muy sensato. Es absolutamente razonable hacer esta elección.

Hay un maravilloso koan Zen que dice así: "Antes de la iluminación: cortar leña, acarrear agua. Después de la iluminación: cortar leña, acarrear agua". La iluminación no tiene nada que ver con si cortas leña o acarreas agua. De algún modo, todos vamos a cortar leña y acarrear agua. Los iluminados de entre nosotros saben reorientar el pensamiento hacia lo que están haciendo en ese momento.

Si no quieres cambiar lo que haces para perseguir tu dicha, cambia de actitud hacia lo que haces. Si vas a trabajar cada día y piensas cuánto te disgusta tu trabajo, y sabes que aquello en lo que piensas es lo que se expande, lo que se va a expandir es tu disgusto.

La clave para seguir tu dicha es esta: *Tienes que enamorarte de lo que haces. Después, vende ese amor.* No vendes lo que haces, no vendes tu producto. Te enamoras de lo que haces, de manera muy parecida a como te enamoras de tu pareja y de tus hijos. Lo que vas a vender es ese amor por lo que haces. Vendes ese entusiasmo, esa alegría, esa realización: ese sentimiento exquisito, amoroso, pacífico y sereno con respecto a lo que haces. Esto es exactamente lo que yo hago.

Yo no salgo a vender mis libros; me encanta lo que he escrito, y eso es lo que vendo. Vendo ese entusiasmo, esa alegría, ese auténtico sentimiento de querer marcar la diferencia. Cuando eres capaz de vender el amor, el entusiasmo y lo animado que te sientes, no importa tanto el producto que tengas. Si eres dentista y te encanta lo que haces, y vendes ese amor, vas a tener una consulta llena de amor y entusiasmo. La gente querrá ir a verte para que le limpies los dientes. Si vendes artilugios, y eso te emociona y te entusiasma, y eres auténtico con respecto a ello, la gente va a querer estar cerca de ese amor. Vendes el amor.

Digamos que estás haciendo un trabajo que consideras rutinario, y que ahora has tomado la decisión de seguir haciéndolo porque te quedan diez años para jubilarte. Lo que vas a hacer en este caso es cambiar de actitud y tratar de sentirte animado en tu trabajo. No vayas allí cada día diciendo: "Uff, no puedo creer que tenga que hacer esto". En lugar de eso, di: "Me están pagando por hacer esto. Esto es lo que estoy produciendo. Y como resultado de producirlo, estoy ayudando a mucha gente".

Si estás trabajando en una línea de ensamblaje poniendo tuercas, pon esas tuercas con integridad y entusiasmo, sintiéndote animado. Sabes que esas tuercas van a salvar vidas porque sin ellas seguramente habría una puerta que se caería, u ocurriría algo parecido: ama eso. Si eso es lo que quieres hacer, siéntete bien con ello. Si no te sientes bien, tienes que cambiar lo que haces. Aquí solo tienes dos opciones: o bien cambias lo que haces, o bien cambias cómo procesas lo que haces. Busca lo bueno en ello. Puedes cambiar de actitud con respecto a cualquier trabajo que hagas, o con respecto a cualquier cosa que hayas elegido hacer.

¿De qué cosas estás a favor?

Comprende que puedes repensar y redefinir cualquier cosa de la que ahora estés en contra para promover la abundancia en tu vida. Tienes que entender esta premisa tan simple: *Todo aquello de lo que estás en contra te debilita; todo aquello de lo que estás a favor te fortalece.* Intenta no estar en contra de nada. Si estás en contra de tus condiciones laborales, y lo único que haces es hablar de las personas que te disgustan o de las conductas ajenas que te ofenden y te molestan, procura dejar de hacerlo. Recuerda que todas las cosas de las que estás en contra te debilitan, y tú quieres seguir tu dicha.

Si tu jefe se muestra gruñón, desagradable y te trata de forma abusiva, y tú estás en contra de eso, entonces tú mismo te vuelves gruñón y abusivo. Te conviertes en parte de la actitud gruñona y agresiva: tú eres eso y eso eres tú. Por supuesto, eso no es lo que deseas; entonces, ¿cómo puedes tomar algo de lo que estés en contra y reencuadrarlo para promover la abundancia en tu vida? Bueno, ¿de qué estás *a favor?*

Estás teniendo una relación armoniosa con cierta persona. Entonces enfócate en eso: "estoy a favor de esto. Esto es lo que voy a crear, porque lo que me disgusta no es el comportamiento de mi jefe. El problema es cómo yo proceso su comportamiento, de modo que voy a procesarlo de otra manera. Voy a ver su comportamiento como el lugar donde él se encuentra en su camino. Eso es lo que él está haciendo. Voy a dejar de procesarlo de un modo que me ponga en su contra. Voy a hacer cosas para que no sea tan desagradable. Voy a enseñarle que no puede llegar a mí con esa actitud. Porque estoy a favor de la armonía en esta relación. Y cuando estoy a favor de algo, nunca me desvío. Voy a tratar el conflicto que se ha creado como una oportunidad para aprender a ir más allá de todo conflicto". Recuerda siempre a favor de qué estás. Cada vez que tu jefe se comporte de manera negativa, en lugar de unirte a él en su enfado, odio y amargura, reorienta tu conciencia hacia: *¿A favor de qué estoy? Estoy a favor de la armonía. ¿Cómo puedo enviar un poco de armonía a este hombre?* ¿Has intentado alguna vez pelear con alguien que no quiere pelear? Es muy difícil. Ciertamente es todo un desafío mantener una discusión con alguien que no quiere discutir. Al cambiar de aquello de lo que estás en contra a aquello de lo que estás a favor, cambias la relación con tu jefe. Cuanto más piensas en aquello de lo que estás a favor, más empoderado te sientes. Haces que esa relación pase de la ira y la hostilidad a la alegría. Puedes conseguirlo en unos pocos días. En realidad, puedes hacer un regalo a tu jefe.

Si te resulta duro entrar dentro de ti, la clave está en hacer todas esas cosas que sientes tanta resistencia a hacer. Debes seguir adelante con ellas. Cuando te encuentras dándole la vuelta a todas esas actitudes, estás afirmando que quieres pasar de aquello de lo que estás en contra a aquello de lo que estás a favor. Descubrirás que tu recompensa es la dicha.

EJERCICIO DEL DIARIO

Al leer los últimos dos capítulos, es posible que te hayas preguntado: *¿Cómo sé cuál es mi dicha? ¿Cómo distinguir lo que me produce dicha?* Si es así, lo primero que tienes que entender es que ya sabes lo que *no* te produce dicha. Ya conoces lo que no enciende la luz de la pasión en tu corazón, seguro. Ese no es el problema.

Incluí una cita de Oprah Winfrey al comienzo de la tercera parte de este libro, y esto es el resto de lo que Oprah tiene que decir sobre el tema:

¿Cómo sabes si estás en el camino correcto? De la misma manera que sabes que no lo estás: lo sientes. Cada uno de nosotros tiene una llamada personal a la grandeza, y como la tuya es tan única como tu huella dactilar, nadie puede decirte qué es...

Tu vida te está hablando cada día, continuamente, y tu trabajo consiste en escuchar y encontrar las claves. La pasión te susurra a través de tus sentimientos, atrayéndote hacia el bien más alto para ti. Presta atención a lo que te hace sentir estimulado, energizado, conectado, a lo que te hace sentirte vivo y vibrante. Haz lo que amas, ofrécelo en forma de servicio, y conseguirás algo más que tener éxito. Triunfarás.

Anota en tu diario lo que sientes al escuchar estas palabras. Cuando tu vida te habla, ¿qué dice?

CAPÍTULO 11

CULTIVA TU
PROPIO JARDÍN

Un día vine a casa de la escuela y le pregunté a mi madre:

—¿Qué es un elefante escorbuto?

Ella dijo:

—No lo sé. No tengo ni idea.

—Bueno, en clase le he oído decir al profesor que Wayne Dyer es un elefante escorbuto.

Mi madre llamó al profesor, que le dijo:

—No, no he dicho eso en absoluto. He dicho que él es un elemento que altera el aula.

Sí, siempre he sido ese elefante escorbuto, ese bicho raro. En una carta escrita por E.E. Cummings hay un línea preciosa que lo dice todo para mí: "No ser otra cosa que lo que eres —en un mundo que de noche y de día se esfuerza al máximo por hacer que seas como los demás— implica librar la más dura de las batallas que cualquier ser humano puede librar; y nunca dejar de luchar".

Creo que esto resume mis creencias más que ninguna otra cosa en el mundo. Se trata de salir ahí fuera y de ser la persona que quieres ser, sin tener la sensación de que te estás dejando manipular por nadie. No ser alguien que siente que tiene que conformarse, encajar y hacer lo que todos los demás piensan que debe hacer es tal vez la mayor libertad que puedes alcanzar. Hay mucha gente que cree que la libertad viene de la motivación externa, de ser capaz de ganar mucho dinero, de recibir muchos reconocimientos, de conseguir la adulación de sus amigos, o de ganar un partido de fútbol o de tenis; creen que estas son las señales del éxito. Como hemos aprendido, no es así en absoluto.

Recuerda, la felicidad es un concepto interno. No puedes conseguirla. Puedes buscarla eternamente y nunca la encontrarás. Estoy seguro de que has oído el dicho: "Donde quiera que voy, allí estoy". Esto significa que siempre tienes que lidiar contigo mismo, siempre estás contigo mismo, de modo que lo único que debería preocuparte es consultar tus señales internas.

Creo que existe la noción de que los libros escritos por gente como yo enseñan a los lectores a ser egoístas. En realidad, esto está en las antípodas de lo que yo creo y apoyo, y ciertamente no sé comportarme así en mi propia vida. No propongo ser egoísta ni usar a otras personas para tus propios fines. Si lo hiciera, los títulos de mis libros habrían seguido la línea de: *Cómo usar a otras personas para tu propia autorrealización*. No creo en esto en absoluto.

Para mí, la prioridad en la vida es la capacidad de disfrutarla. La gente que sabe hacer eso —tomar cada día de su vida y vivirlo con alegría— está funcionando de la manera menos egoísta posible.

Tomemos a alguien que sepa vivir la vida, que sepa tomar cualquier circunstancia de su vida y convertirla en algo positivo, que nunca esté deprimido ni sea una carga para los demás: ese es un ser humano iluminado. Cuando te encuentras con una persona así, te das cuenta de que nunca manipula a otros ni trata de sacrificar su vida por los demás, ni se preocupa por lo que todo el mundo piense de ella, ni de ese tipo de cosas.

Este es un concepto muy importante para metértelo en la cabeza. Cuando llegues al punto de poder deleitarte por cada día que sigues vivo, ya no serás una carga para nadie. Ni siquiera sabrás cómo ser una carga o un problema para los demás. Así, cuando eres esa luz brillante, cuando disfrutas de tu vida, estás haciendo algo que no es egoísta, y sin intentarlo siquiera. Estás ayudando a los demás estableciendo tu propio ejemplo de lo que significa ser una persona sin límites.

Vive y deja vivir

Como ya he dicho, las personas sin límites buscan soluciones, nunca problemas. Tienden a enfocarse en: "De acuerdo, estas son las condiciones. Vamos a ver qué se puede hacer para conseguir que todo vaya mejor".

Por ejemplo, hace algún tiempo me encontré con una azafata muy ruda que parecía haber perdido su capacidad de estar al servicio del cliente. Por algún motivo, parecía que estaba enfadada conmigo por el lugar donde había dejado mi bolsa. Hubo un tiempo en el que yo hubiera respondido sin habilidad y me habría enfadado, lo cual solo habría servido para generar más enfado. Pero había evolucionado en mi camino hacia la iluminación, de modo que supe instantáneamente que aquel era su problema, no el mío. Después de oír su ladrido, respondí:

—¡Vaya! Hoy debes estar teniendo un día muy duro. ¿Probablemente has estado volando por todo el país?

Ella se calmó inmediatamente y dijo:

—Sí, llevo dos días sin dormir.

—Bueno, ¿por qué no te relajas? Yo me encargo de meter esta maleta en algún sitio —le dije, y todo fue bien.

Esto ilustra que, incluso un suceso aparentemente pequeño, puede convertirse en un ejemplo de cómo lidiar con las cosas de una manera orientada hacia la solución, en lugar de hacia el problema. Y lo que es más importante: la razón por la que fui capaz de solventar la situación es que no me apropié de ella ni por un segundo. Entendí que aquella era su reacción y no tenía nada que ver conmigo. Cualquiera que sea la situación en la que te encuentres, siempre debes recordar que estás buscando *soluciones*. No estás tratando de ganar ni de tener razón.

Esto me recuerda algo que ocurrió cuando mi hija Tracy era pequeña. Mis sobrinos se estaban quedando con nosotros, y uno de ellos estaba durmiendo en un colchón en el salón. Cuando se levantó, le dije:

—Tom, tienes que hacer algo con ese colchón.

—Creo que lo mejor es meterlo en la habitación de Tracy —replicó.

Eso funcionó para él. Lo puso allí el lunes, el martes y el miércoles.

En un momento dado, mi hija llegó al límite de su tolerancia. Ella quería hablar conmigo de por qué Tom había hecho eso.

Yo le dije:

—Cariño, busca una solución, no busques el problema. El lunes, el martes y el miércoles ya han pasado. Tú le enseñaste a poner el colchón en tu habitación por el hecho de tolerarlo. Y ahora, ¿qué quieres decirle?

—Mantén ese colchón fuera de mi habitación.

—De acuerdo. Entonces, ve y dile eso.

Ella lo hizo, y Tom dijo:

—Bien.

Lo puso en mi habitación y yo lo eché de casa. Esto es broma, por supuesto; al fin llegamos a una solución que funcionó para todos.

¿Te has dado cuenta de lo difícil que es estar en conflicto con alguien que no quiere ser arrastrado, que no quiere ser infeliz, que no quiere estar loco? A esa persona no le interesa tener razón, de modo que el conflicto desaparece muy rápido. Este tipo de individuos se sienten motivados por su necesidad de verdad, de belleza, de moralidad, de individualidad. Estos conceptos son muy importantes para ellos. Aunque uno no suele toparse con mucha gente así, puedes encontrártelos en cualquier parte: en una tienda de comestibles, en un taxi, en una sala de espera. No tienen por qué ser filósofos ni personas que han logrado algo especial, pero cuando estás cerca de ellos, lo sabes.

No tienen miedo de decir sí y sienten mucho amor por todo lo que está vivo. Se enfocan en el momento presente y lo que más les importa es el ahora. No les obsesiona dónde han estado ni adónde van. La preocupación y la culpa no tienen cabida en su vida. Tienen la capacidad de decirse a sí mismos: "Esto es lo que tiene significado para mí y tengo que hacerlo porque creo que es lo correcto, incluso si he de afrontar las críticas de todo el mundo".

Podrías preguntarte: "¿Cómo puedo cultivar estas cualidades en mí mismo? ¿Cómo puedo vivir más plenamente?" La respuesta es "simplemente haciéndolo".

Pienso en un tipo que vivió hace unos siglos y que se llamaba Voltaire. Escribió un libro maravilloso titulado *Cándido*, que en realidad es el recorrido de un hombre y de su pareja en su búsqueda de sí mismos. La conclusión a la que llegan se encuentra en la última línea del libro: "Debemos aprender a cultivar nuestro jardín". Estaban buscando riquezas por todas partes y solo encontraron frustración. Y así aprendieron a cultivar su propio jardín. Para mí, esta es una de las obras más lúcidas jamás escritas. Tienes que aprender a cultivar tu propio jardín y a mantener la nariz fuera de los jardines de los demás. Si ellos quieren cultivar ruibarbos en su jardín, si quieren usar un tipo de fertilizante distinto del que tú usas, si quieren dejar que crezca la hierba, eso no tiene por qué importarte en absoluto. Lo importante es que el tuyo esté como tú quieras que esté. Aprende a usar lo que tengas y a disfrutar de ello, a hacer que tu vida funcione en tus propios términos. Cultiva una sensación de propósito y de misión para ti mismo. Este es uno de los mayores secretos que puedes aprender. Saca la nariz de los jardines de los demás y pon el tuyo en orden. Cultiva lo que quieras en tu jardín, y deja de enfocarte en los de los demás.

Una de las cosas que a la gente más le cuesta entender es algo que aprendí del budismo tibetano: "Cada cosa en el universo es exactamente como debería ser". Piénsalo. Cualquier cosa que haya ahí fuera tiene que estar ahí. La prueba de lo anterior es que lo está. Eso es todo. Esto no significa que no puedas cambiar las cosas. Si puedes cambiar cosas, hazlo, en lugar de enfadarte con cómo es el mundo o de culpar al espejo por lo que refleja. Acéptalo y después haz lo posible por mejorarlo.

No obstante, tienes que dejar de juzgar en tu mente. Piensa en esto: un par de personas mayores van hacia la playa y dicen: "Mira a esos niños. Apenas llevan puesto nada de ropa cuando van a la playa. Están lanzándose el *frisbee,* tienen sus perros por allí y están montando mucho follón". Esto no es más que un juicio. Los ancianos están mirando al mundo y diciendo: "No lo acepto tal como es. Quiero que sea diferente".

Por su parte, los jóvenes ven a los ancianos y dicen: "Mira esos vejestorios llenos de arrugas. No llevan nada moderno. Siempre están enfadados con nosotros y no hacen nada divertido". Esto son más juicios, en lugar de ver el mundo sintiendo que cada cosa es exactamente tal como debería ser.

En lugar de seguir el viejo adagio de "Vive y deja vivir", juzgamos a los demás. Deseamos que las cosas sean diferentes, distintas de como son. En lugar de mirar al mundo con los ojos del juicio, plantéate la pregunta que a los filósofos les gusta plantearse: *¿Ves el mundo tal como es o tal como eres tú?* Si ves el mundo tal como eres tú, entonces querrás que sea como crees que debería ser. Si ves el mundo tal como es, entonces puedes mejorarlo.

El poder del perdón

En el año 1974 tuve una experiencia fenomenal. He contado esta historia muchas veces a lo largo de los años, pero como parece tener un profundo efecto cada vez que la cuento, me gustaría volver a compartirla ahora.

Había estado buscando a mi padre desde que tenía ocho años, y soñaba continuamente con él. Nunca había visto a aquel hombre, y todo lo que había oído decir de él era muy poco encomiable. Parecía que había sido extremadamente cruel con toda la gente que había llegado a conocer, y su vida era ignominiosa en casi todos los sentidos.

Y sin embargo había algo dentro de mí... había enfado, había dolor, había sufrimiento. Esto hacía que quisiera hablar con aquel hombre para poder averiguar: "¿Cómo puedes abandonar a tus tres hijos? ¿Cómo puedes abandonar a una mujer sin ayudarle nunca a mantener a los niños? ¿Cómo usas el alcohol para destruirte? ¿Cómo pegas y violas a alguien dejándola embarazada, y otras historias que había oído de refilón porque para mi madre era demasiado doloroso contarlas? ¿Cómo es posible hacer todo esto? ¿De dónde viene?"

Quería averiguarlo porque pensaba que, de algún modo, su partida podría haber sido un acto de valentía. Tal vez simplemente no fue capaz de quedarse y afrontar las cosas, quizá nos quería demasiado... quién sabe. Cuando no sabes algo, te lo preguntas y sigues pensando en ello, que es lo que yo hice. A mis dos hermanos no les importaba en absoluto lo que le pudiera haber ocurrido a nuestro padre. Mi hermano mayor, Jim, tenía algún recuerdo de él, pero mi hermano Dave no recordaba nada. Ninguno de los dos estaba interesado en mi búsqueda.

Debo contarte esto porque es muy relevante: cuando tu vida encaja con aquello para lo que crees que estás aquí, de repente —esto es algo que ocurre de repente— tu propósito empieza a apropiarse de ti, y entras en una pista tan rápida que nada puede detenerte. Tu propósito, sea cual sea, puede estar relacionado con cualquier cosa de tu vida, y eso es magnífico. Cuando lo vives, empieza a adueñarse de ti. No tengo otra manera de expresarlo.

Esta cuestión con respecto a mi padre —la angustia, el dolor, el sufrimiento, los sueños, y demás— siguió durante años, incluso después de enterarme de que había muerto. Un primo lejano me dijo que había muerto en Nueva Orleans, y que su cuerpo había sido enviado a Biloxi, Mississippi. Esa era toda la información disponible.

En 1974 yo era profesor de la Universidad St. John en Nueva York, y tuve la oportunidad de ganarme algún dinero extra ayudando a otro educador del centro.

Se me pidió que fuera a una universidad de Columbus, Mississippi, para asegurarme de que estaban cumpliendo con el Acta de los Derechos Civiles de 1964. Tenía que pasar dos días observando, asistiendo a clase y este tipo de cosas, y después presentar un informe. Cuando me enteré de que estaba solo a cuatro horas de Biloxi, decidí que ya era hora de ver si podía obtener respuestas a algunas de las preguntas que me había planteado durante décadas.

Había volado a Columbus, de modo que cuando acabé mi trabajo en la universidad fui a alquilar un coche. Me dieron uno tan nuevo que marcaba poco más de un kilómetro en el cuentakilómetros. Me pregunté: "¿Cómo lo han traído hasta aquí? ¿Qué está haciendo este coche nuevo en Columbus, Mississippi? No lo entendía, pero tomé mentalmente nota de ello.

Entonces fui a ponerme el cinturón de seguridad. En aquellos días los cinturones no tenía la tira que pasa sobre el hombro, solo tenían la que pasa sobre el vientre. Me estiré para agarrar el cinturón pero no pude sacarlo. Literalmente, tuve que sacar el asiento del coche para llegar al cinturón de seguridad, porque ya en 1974 no estaba dispuesto a conducir sin abrocharme el cinturón.

Al final, conseguí sacar el cinturón, que estaba totalmente envuelto en plástico. Al desenvolverlo, descubrí una tarjeta que decía: Candlelight Inn, Biloxi, Mississippi. Me la metí en el bolsillo sin darle más importancia.

Inicié el viaje a Biloxi y recogí a un trabajador emigrante que estaba haciendo autostop; me desvié un poco de mi camino para llevarlo a casa. Eran las cinco menos cuarto de un viernes por la tarde cuando llegué a las afueras de Biloxi. Fui a una estación de servicio, encontré un teléfono público y consulté las páginas amarillas. Pensé en llamar a los tres cementerios que aparecían en la lista para averiguar si mi padre estaba enterrado allí.

Llamé al primero y no obtuve respuesta. Llamé al segundo y la línea estaba ocupada. Llamé al tercero y después de sonar durante un rato, alguien descolgó. Yo dije:

—Hola, mi nombre es Wayne Dyer y llamo para ver si Melvin Lyle Dyer está enterrado ahí.

El hombre dijo que lo iba a consultar; se fue y tardó muchísimo. Al final volvió y dijo que sí, alguien con ese nombre estaba enterrado allí.

El corazón se me salía por la boca: *ba-dum, ba-dum, ba-dum*. Sentí que aquello era el final de un largo viaje.

—De acuerdo —dije—. ¿Cómo puedo llegar hasta ahí?

—Es muy fácil —respondió—. Estamos en el terreno del Candlelight Inn.

Metí la mano al bolsillo y saqué la tarjeta de visita; estaba claro, era el mismo lugar. De modo que fui allí y encontré la tumba de mi padre. Estuve allí, de pie y hablé largo y tendido con aquel hombre a quien no había conocido.

Tuve un largo diálogo con él en el que le perdoné por todo lo que le había hecho a mi madre, a mi hermano Dave y especialmente a mi hermano Jim, a quien había tratado de maneras terribles. No estaba pensando en el perdón, ni en lo importante que es, ni en si debería hacerlo, ni en nada parecido. Pero eso fue lo que ocurrió. Pasé allí como dos horas y media, y durante todo ese tiempo estuve derramando lágrimas. Me tomé el tiempo de perdonar a mi padre, y eso cambió mi vida.

Quiero decirte que cualquier animosidad, amargura, angustia o dolor que tengas hacia cualquiera otro ser humano de nuestro planeta —sea quien sea y haya hecho lo que haya hecho—, si tienes hacia él una reacción tóxica de amargura, esa reacción no te abandonará. El perdón es el mayor motivador del mundo. Si te estás aferrando a cualquier cosa dolorosa o penosa hacia cualquier persona o cosa, te hablo desde mi experiencia personal al decirte que tienes que soltar todo eso.

No tienes que hacer lo que yo hice: no tienes que visitar ninguna tumba ni hacer llamadas telefónicas, ni tampoco tienes que informar a nadie de que lo estás haciendo. Lo único que tienes que hacer en tu corazón es purificarte de tal modo que simplemente digas: "Amor es perdonar". Ahora bien, esta última parte puede ser tanto dos palabras como una. Cuando es una palabra, dicha palabra es perdonar *[forgiving]*, que es lo que hemos estado comentando aquí. Pero también es *for-giving* [es para dar], de modo que es un regalo, lo que significa que no pides nada a cambio.

Cultiva tu propio jardín

Después de mi experiencia en Biloxi, mi vida quedó clara y enfocada, y se hizo muy evidente hacia dónde me dirigía. Me fui de allí e inmediatamente perfilé el libro *Tus zonas erróneas*. Y desde entonces nunca he vuelto a soñar con mi padre. Nunca he tenido un momento de angustia de ningún tipo hacia él, ni hacia nada que él haya hecho. Ahora estoy completamente en paz con él y, donde quiera que esté, le envío mi amor. Todo está bien.

De hecho, he llegado a pensar en Melvin Lyle Dyer como mi mayor maestro. Sin esas experiencias que fueron el resultado de las cosas que él había hecho, nunca se habría materializado mi oportunidad de ayudar a tanta gente y de crear cosas maravillosas para otros, incluyéndome a mí mismo. Veo eso, y veo que tuvo que ser así, y creo en ello. Y quiero añadir que, cualquier cosa que tengas dentro de ti no es el resultado de que alguna otra persona lo haya puesto allí. Es el resultado de lo que tú decides tener dentro de ti. Todo se remonta a una elección.

Envía amor a todos

Tómate un momento para pensar en todas las personas de tu vida con las que hayas tenido algún conflicto. Puede tratarse de algo que ocurrió con tu madre cuando tenías dos años, o de algo que tiene que ver con tu vecino, o con tu novio, o con quien sea; haz una lista de ellas en tu mente, desde la persona con la que tienes más problemas hasta la que solo te incomoda. A continuación, envíales amor a todas ellas.

Como ves, es fácil enviar amor a la gente que hace lo que se supone que tiene que hacer, a las personas que son amables contigo y huelen bien. Esa no es una prueba de amor. Cuando Cristo estaba en la cruz y un soldado le atravesó con una lanza, su reacción fue: "Padre, perdónales porque no saben lo que hacen". Cuando personas que afirman ser cristianas me dicen a quién odian y a quién no, yo les digo: "Eres cristiano porque ese es el título que te has otorgado, pero no eres como Cristo". Y esa es la prueba: ser como Cristo, no ser cristiano. Es fácil formar parte de la ortodoxia, cualquiera puede hacerlo. Lo único que tienes que hacer es llamarte cristiano e ir a la iglesia el domingo. Pero eso no es ser como Cristo.

Comprométete a trabajar en esto: cada vez que encuentres negatividad en tu vida, envía amor a esa persona, incluso si está siendo muy desagradable contigo.

Puedes practicar con cosas pequeñas, como con los conductores agresivos, y después pasa a cosas más grandes, como cuando alguien usa estrategias despiadadas en el trabajo o cuando un amigo traiciona tu confianza. En último término, se trata de convertir esto en una forma de vida.

Al enviar amor, el amor volverá a tu vida en cantidades cada vez mayores. Y te sentirás libre, porque el odio que albergas dentro es un veneno peor que cualquier cáncer. Continuará comiéndote hasta que puedas enviar amor. Hasta que no seas capaz de hacer esto, no podrás vivir sin límites.

Yo también tengo que practicar esto en mi propia vida. Hubo alguien que me demandó: quería aprovecharse de mi posición en la vida y sacar algún dinero con ello. Me sentía muy enfadado: "¿Cómo puede esta persona hacer eso? ¿Quién es el abogado que ha aceptado su caso, y cómo pueden vivir consigo mismos?" Luché, pero lo único que conseguí fue tener razón, una gran factura de mi abogado, y meses y meses de dolor y angustia. Cuando empecé a enviar amor a esta persona, me di cuenta de que lo que ella estaba haciendo solo tenía que ver con ella.

Me di cuenta de que algunas filosofías orientales considerarían lo que me estaba ocurriendo como una prueba para ver de qué pasta estoy hecho. Esta situación contenía una lección, y tenía que intentar encontrar la bendición en el dolor. Empecé a hacer eso y, sin darme cuenta, la demanda quedó atrás. Me volví mucho más productivo, mi escritura mejoró, y empecé a sentirme mejor como ser humano. Hasta mi secretaria me dijo: "Ahora pareces mucho más ligero. Desde que todo eso acabó es casi como si caminaras por el aire".

Hay gente que me debe dinero y no me ha pagado después de años, y esto solía enfadarme mucho: "¿Cómo se atreve esta persona? Le presté dinero, y ha acabado quedándoselo. ¡Eso es robar!" Ahora he soltado el enfado, e incluso he enviado a esos individuos copias de mis libros. Lo he soltado. No creo en no pagar tus facturas, y yo personalmente las pago en cuanto las recibo. Pero algunas personas están en otro lugar, y no quiero que su comportamiento se adueñe de mí. Si estoy molesto porque se niegan a devolverme el dinero que les presté, su negativa es la fuente de mi disgusto. En ese momento estoy permitiendo que la conducta de otra persona controle mi vida. No quiero eso.

Si estás en una situación similar, has de saber que solo hay un camino de salida: el perdón. Tienes que dejarlo ir. No tienes que olvidar; solo tienes que perdonar. No tienes que llamarles o enviarles notas si no deseas hacerlo. Simplemente suéltalo: cuando lo haces, a eso se le llama *desapego*. Ya no estás apegado a esa persona ni a su comportamiento, y cuando no estás apegado, eres libre de mostrar tu genio creativo. El desapego es un principio que funciona maravillosamente.

Voy a contar otro ejemplo de un abogado amigo mío que estaba viviendo un divorcio horrible. Su esposa quería la mitad de su bufete, junto con los niños y todo su dinero. Aparentemente, ella había tenido una aventura y él se había enterado. Anteriormente habían tenido un matrimonio genial, pero en ese momento se odiaban. Él estaba sentado delante de mí en un restaurante precioso, y podía ver lo angustiado que se sentía. Tenía tanto dolor que parecía haber envejecido diez años en cuatro meses.

Quería pasarse toda la noche contándome cuánta razón tenía y cuán equivocada estaba ella. No paraba de decir que ella no tenía derecho a hacerle aquello.

—¿Cómo se atreve a tratarme así? ¿Sabes que trajo a ese hombre a nuestra casa? Wayne, ¿qué piensas?

—Tienes necesidad de tener razón, ¿cierto? —le dije.

—No, no tengo necesidad de tener razón. ¿Pero qué piensas de lo que te he contado? ¿Tiene ella derecho a hacerme lo que me ha hecho?

—Sí.

—¿Qué quieres decir con "sí"?

—Lo ha hecho —expliqué—. Ahora no puedes deshacer lo que ella ha hecho.

—Bueno, ¿qué crees que debería hacer?

—Creo que deberías perdonarla.

—Ya lo hice —me aseguró—. Ya se lo dije.

—No —dije yo—, no tienes que decirle nada para perdonarla. En lugar de eso, suéltalo. ¿Qué estás defendiendo? Estás tan lleno de dolor que apenas puedes levantarte por la mañana, y tu bufete se está yendo al infierno. Estás deprimido. Tu presión sanguínea está subiendo. Apenas comes. Estás perdiendo peso aceleradamente. Estás sufriendo, y sufres porque no estás dispuesto a perdonarla.

»No tiene nada que ver con ella. Esta es una prueba para ti. Y ojalá pudiera entrar en tu cabeza e informarte de lo importante que es que le envíes amor, aunque se haya comportado de un modo que te parezca tan atroz. Tienes que hacerlo porque, de otro modo, no vas a sobrevivir. Está claro que ahora mismo te estás matando a ti mismo. Lo que ocurre es que es un proceso lento; llevará algún tiempo. Si quieres dejar de matarte a ti mismo, antes o después vas a tener que perdonarla. De modo que, ¿por qué no eliges hacerlo antes y lo haces ya? No tienes que seguir casado con ella ni nada parecido.

—¿Y qué pasa con el dinero y todo eso?

—¿Cuánto quiere?

Él susurró la cantidad y yo le dije:

—Dale eso y un poco más.

—¿Qué?

Yo le dije:

—No te preocupes. El dinero volverá a ti. Pero dale más y págale por adelantado. Infórmale de que ya no estás interesado en seguir casado con ella, y que tampoco vas a seguir cargando con esto por más tiempo. A continuación, practica el perdón: encontrarás una serenidad, una paz y una belleza en tu vida que nunca antes habías creído posible. Estarán ahí para ti; lo único que tienes que hacer es perdonar. Solo tienes que entender que ella es un ser humano y que ha cometido un error. Tú no lo has cometido.

»Sí, a ella la pillaron y tú no has hecho nada malo; suelta todo eso. Encontrarás tanta riqueza en tu vida, porque no estarás usando el momento presente para convencerte de cuánta razón tienes. Eso dejará de ser importante: ya no es necesario tener razón; lo que necesitas es ser feliz. Y eso es lo que irá contigo dentro de ti.

»Como amigo debo decirte que ya tienes todo lo que necesitas para ser completamente feliz, exitoso y sentirte satisfecho. Lo único que tienes que hacer es soltar lo que se adueña de ti.

»Piensa en ti mismo como si estuvieras aferrándote a los barrotes de la prisión y gritando: "¡Déjame salir! ¡Déjame salir!" Pero si miras a la derecha y a la izquierda de los barrotes, verás que todo es espacio abierto. Y si das la vuelta comprobarás que por detrás de ti también todo es espacio abierto. Como tenías visión de túnel, solo estabas mirando hacia delante; era la única manera de hacer las cosas que conocías.

»Todas estas ataduras te han hecho sentir como si estuvieras encerrado en una prisión, pero si miras a la izquierda, a la derecha y detrás de ti, verás que te estás aferrando a los barrotes de una celda que está abierta. Lo único que tienes que hacer es soltarlos y echar a andar. En este proceso puedes convertirte en una persona completamente liberada, sin límites a la vista.

EJERCICIO DEL DIARIO

Escribe en tu diario sobre las personas a las que tienes que perdonar y cómo conseguirlo. ¿De qué otras maneras puedes trabajar para cultivar tu propio jardín? Es decir, ¿cómo puedes mirar hacia un futuro libre y limpio de la negatividad que ha estado reteniéndote?

CAPÍTULO 12

NUEVE PREGUNTAS
PARA AYUDAR
A INICIAR EL CAMBIO

E l cambio es tan paradójico: todo está cambiando, y al mismo tiempo nada cambia. Todo es y no es a la vez. El universo —y todos nosotros dentro de él— está evolucionando constantemente, pero siempre dentro sus propios confines.

Yo lo veo así: si te pones de pie y miras un cuadro situado delante de ti, en la pared de tu habitación, y yo te pregunto si el cuadro está completo, tú dirías que sí, por supuesto. Pero si a continuación tomaras el microscopio más potente que pudieras encontrar y mirases dentro, descubrirías que dentro de cada mota de pintura hay universos enteros, que no tienen nada que ver con los universos situados en otras partes del cuadro. Y hay pequeños bichitos en los púrpuras, en los verdes y en los azules: allí hay bacterias, y si miras dentro de cada una de estas formas de vida, hay más formas de vida. A medida que fueras entrando más y más adentro, verías que dentro de este cuadro completo hay trillones de átomos, que van interminablemente en una dirección, y también van interminablemente en la otra dirección. El universo no acaba en ninguna parte; simplemente va.

Creo que si todos pudiéramos alejarnos lo suficiente y ver el universo como un cuadro, descubriríamos que ya está completo. Todo él es total; todo él está completo.

Tiene que estarlo. Y, sin embargo, dentro de él, si lo dividiéramos, veríamos que están ocurriendo muchas cosas. Podemos cambiar y hacer cualquier cosa que queramos dentro de la compleción del todo: tenemos libre albedrío y al mismo tiempo no lo tenemos. El cambio está teniendo lugar, pero al mismo tiempo miramos el cuadro y no está cambiando nada en absoluto.

Ahora bien, ¿qué hace falta para que la gente vea el cuadro mayor? ¿Qué hace falta para realizar cambios reales y duraderos? La respuesta es diferente para cada cual. Algunos necesitan un terapeuta y un grupo de apoyo, necesitan ir a un centro de rehabilitación, necesitan leer 400 libros, y necesitan que todo se les repita y se les refuerce una y otra vez para cambiar. Así es como algunas personas están estructuradas, y eso está bien. Si es así como funcionan tus circuitos internos, entonces, por supuesto, sigue ese camino.

Yo, por mi parte, no soy ese tipo de persona. Tomo decisiones instantáneamente con respecto a lo que mi vida va a ser o a dejar de ser. Por ejemplo, cuando tenía unos 14 o 15 años probé el café. Era amargo. Sabía raro. Sabía a productos químicos que yo no quería, y le dije a mi madre y a mis hermanos: "No beberé café en toda mi vida". Esto ocurrió hace muchos, muchos años. Lo probé, tomé una decisión, declaré mi intención y desde entonces no he tomado una taza de café. La gente me lo ofrece, pero yo sé que no quiero ese sabor amargo en mi boca. No quiero esa cafeína. *Sé* eso.

Así es como soy capaz de hacer cambios, pero eso no significa que esta sea la manera correcta ni la mejor. Puedo sentarme aquí con mucha confianza y decir que no beberé café. Puedo decirlo con seguridad. Puedo hablar con certeza sobre muchas cosas de mi vida, que no tendré exceso de peso, que no fumaré, que me mantendré en forma, y este tipo de cosas. Para otros es una lucha diaria. Lo importante es que te conozcas a ti mismo, pero también has de saber que tienes el poder de hacer cualquier cosa que necesites para mejorar tu vida.

Al llegar al final de este libro, me gustaría dejarte con una serie de preguntas que ponderar para que te guíen hacia una vida sin límites:

1. Si de repente descubrieras que te quedan seis meses de vida, ¿qué cambios harías en tu existencia? ¿Qué harías? Si supieras que dentro de seis meses todo iba a acabar para ti, ¿qué harías de manera diferente? ¿Seguirías en el mismo trabajo, por ejemplo? ¿Querrías que las cosas siguieran como están? ¿O saldrías a probar algo nuevo?

Esta es una buena pregunta, porque el futuro no se le promete a nadie. Cada uno de nosotros solo tiene cierta cantidad de tiempo, que pasa en un abrir y cerrar de ojos. Por supuesto, probablemente tienes por delante mucho más que seis meses, pero incluso si te quedan varias décadas, tu tiempo aquí sigue siendo breve. Por tanto, ¿qué quieres hacer con él? ¿Quieres marcar la diferencia en el mundo? ¿Quieres salir ahí fuera y ayudar a otras personas? ¿Quieres dar fin a algunos de los problemas reales que tenemos en este planeta? ¿Quieres probar cosas que nunca has probado antes? ¿Quieres simplemente divertirte y reírte más?

Cualquier respuesta que haya surgido para ti será muy reveladora. El consejo que tengo que darte es que asumas el riesgo de hacer cualquier cosa que desees. ¡Ve a por ello!

2. Si pudieras vivir con cualquier persona del mundo y no tuvieras ningún pasado con las personas con las que has vivido hasta ahora, ¿con quién elegirías vivir? Imagina que tu vida comenzara en este momento y que todavía no has vivido con nadie. ¿Con quién elegirías vivir? ¿Elegirías a la persona con la que estás en relación ahora mismo? ¿Cambiarías algo?

A continuación, pregúntate por qué no estás rodeándote del tipo de personas con las que te encantaría estar. ¿Tienes que estar atrapado? ¿Puedes enseñar a las personas que amas a estar animadas, a sentirse vivas, a ser felices y creativas, y hacerse la vida agradable? ¿Y qué pasa con las personas quejosas y lloronas, con las que tratan de arruinarte el día cada día? ¿Puedes enseñarles a ser positivas?

Es posible que esto suene tonto, pero, cada mañana, cuando voy a afeitarme, miro al espejo y me digo: "Nadie en este planeta te va a arruinar este día. Nadie". Incluso si alguien me corta el paso en la autopista, incluso si lo tiene planeado: "Voy a ir a por Wayne Dyer", *no* va a arruinarme el día. Si alguien me contesta con cajas destempladas, o no quiere hacer lo que le pido, o muestra una actitud negativa, no me importa: este es mi día. No me importa quién sea ni cuánto le quiero, no voy a permitir que nadie se apropie de este día. Una vez que empieces a practicar esta actitud mental, no tardarás mucho en convertirte en alguien con quien tú mismo y los demás querrán estar.

Has de saber que si vives con alguien por una sensación de obligación en lugar de elección, eres un esclavo. Si esa es la única razón, no sigas con la persona con la que estás simplemente porque llevas mucho tiempo con ella.

Si estás haciendo algo porque "se supone" que has de hacerlo, o porque alguien te dice que lo hagas, no estás escuchando tus señales internas. Las relaciones basadas en la obligación carecen de dignidad; las relaciones basadas en la elección, la libertad y el amor tienen toda la dignidad del mundo.

3. ¿Dónde elegirías vivir si no tuvieras conciencia de dónde has vivido hasta ahora? Una vez más, imagina que no tienes pasado, que no has estado viviendo en un lugar particular. Echa una mirada al gran globo al que llamamos hogar y pregúntate: "¿Dónde me gustaría estar?"

A continuación, pregúntate: "¿Qué me impide estar allí? ¿Es el miedo? ¿Es la preocupación de que no lo conseguiré? ¿De que fracasaré? ¿De que me caeré de bruces?" Recuerda que los miedos solo son procesos mentales. Si te estás ganando la vida aquí y te va bien, y tienes una sensación de éxito, puedes hacer lo mismo en cualquier parte. Por tanto, ¿por qué no estar donde elijas estar en lugar de quedarte en un lugar particular porque tus abuelos aterrizaron allí cuando emigraron?

4. ¿Cuánto crees que dormirías si no tuvieras reloj y no pudieras medir el tiempo? ¿Crees que dormirías ocho horas, o diez, o cuántas? ¿Crees que pasarías un tercio de tu vida en la inconsciencia?

Se han hecho estudios sobre este tipo de cosas. Ponen a personas en búnqueres bajo tierra durante varias semanas seguidas, apartándolas de cualquier referencia al tiempo. Solo tienen una luz mortecina y se les sirven las comidas con un horario irregular. Estas personas podrían dormir todo lo que quisieran, y siempre se hace un seguimiento de cuánto duermen. ¿Sabes cuánto duerme la gente cuando no sabe en qué hora vive? Una media de 4.4 horas al día.

Resulta que buena parte del sueño es producto de no saber qué hacer con tu vida. Podrías pensar: "¿Por qué no me levanto más temprano por la mañana? ¿Y qué leches voy a hacer si me levanto temprano? Creo que me voy a quedar aquí y dormir un poco más"; o "son las diez, debo tener ya sueño".

No estoy sugiriendo que te prives del sueño si lo necesitas, por supuesto. Esto solo es un ejercicio para intentar sintonizarte con tus propias necesidades, en lugar de dirigir tu vida de acuerdo con relojes, calendarios y similares.

5. ¿Cuándo y cuánto comerías si no existieran las horas de comer? ¿Cuántas personas comen tres veces al día porque eso es lo que les sirven o porque eso es lo que se supone que han de hacer? O bien operan bajo la noción de "ahora no tengo hambre pero después tendré, de modo que más me vale comer ahora".

¿Ves dónde quiero ir? Estoy hablando de aprender a vivir tu vida basándote en las señales internas en lugar de en las externas. De modo que esta es una buena pregunta para planteártela antes de salir de cualquier horario que puedas haberte impuesto.

La mayoría de la gente ingiere una cantidad excesiva de comida sin siquiera pensar en ello, particularmente de la variedad insalubre, procesada y azucarada. Si el peso es un problema para ti, no comas inconscientemente todo lo que hay en tu plato. Más bien, después de masticar completamente cada bocado, pregúntate: "¿Quiero más comida? ¿Pide mi cuerpo más comida?" Cuando la respuesta sea no, detente. Has comido suficiente.

6. ¿Qué harías si el dinero no existiera? ¿Qué harías cada día de tu vida? ¿En qué tipo de actividades participarías? Esta es una pregunta interesante. ¿Estás haciendo lo que haces para ganarte la vida, o porque te da buenos beneficios, o porque solo te quedan unos años para retirarte?

Si estás haciendo algo que no te gusta a cambio de un salario a fin de mes, ¿qué preferirías hacer? ¿Qué te gusta hacer más que ninguna otra cosa? Cuando tengas la respuesta a esta pregunta, puedes descubrir la manera de convertir eso en una forma de ganarte la vida. Has de saber que puedes ganarte la vida con cualquier cosa que te interese hacer. Hay siete mil millones de personas en este planeta, de modo que va a haber demanda para cualquier cosa que hagas. Cualquier cosa.

No me gusta la guía vocacional, principalmente porque trata de atrapar a la gente. Te dicen: "Estudia esto, ve a por aquello, haz inventario, vamos a ver cuántas cosas te gustan y te disgustan. Después consigue un trabajo y quédate allí durante 50 años", en lugar de decirte: "El cielo es el límite".

Puedes hacer *cualquier cosa*. Puedes trabajar en lo que quieras. Y si no te gusta tu trabajo o si ya no quieres hacerlo, puedes dejar de hacerlo. Intenta ser comentarista deportivo, o artista, o músico, o cualquier otra cosa. En lugar de hacer las cosas porque crees que vas a ganar dinero con ellas, hazlas porque te dan paz interna.

NUEVE PREGUNTAS PARA AYUDAR A INICIAR EL CAMBIO

7. ¿Qué edad tendrías si no supieras qué edad tienes? (Esta es la pregunta de Satchel Paige.) ¿Serías viejo? ¿De mediana edad? ¿Joven? A continuación, olvídate de tu edad. De hecho, el proceso de envejecimiento es un resultado directo de la actitud y de lo que crees con respecto a tu vida.

Afirmo que la persona sin límites puede llegar a elegir cuándo morir, puede llegar a hacer eso. Conozco a un hombre que el día antes de cumplir 97 años anunció: "Ya no quiero vivir más. Mañana moriré". Y al día siguiente se tumbó, cerró los ojos y eso fue todo. Las crónicas de las tribus indígenas dicen que algunos de sus jefes también eran capaces de hacer lo mismo.

Puedes vivir todo el tiempo que elijas, y puedes vivir tan plenamente como elijas. Mira a George Bernard Shaw, y a Will Durant, e incluso a Winston Churchill, que vivieron hasta los noventa años. A medida que envejeces, puedes seguir siendo productivo y sentirte animado y realizado, o puedes sentirte viejo, tener ciática, estar cansado y quejarte.

¿Cuál va a ser tu elección?

8. ¿Qué tipo de personalidad tendrías si empezaras hoy? ¿Serías más asertivo o menos asertivo? ¿Serías más nervioso o menos nervioso? ¿Serías más extrovertido o más introvertido? Si pudieras elegir hoy, ¿qué constituiría tu personalidad, el tipo de persona que eres? A continuación, recuérdate que eso es exactamente lo que haces cada día: eliges tu personalidad.

9. ¿Cómo te describirías a ti mismo si no pudieras usar ninguna etiqueta? Ya he hablado de esto antes, pero si no has tenido tiempo de pensar en ello, por favor, hazlo ahora. Sin hacer una lista de tu edad, ocupación, de los miembros de tu familia, de tu afiliación religiosa, de tu capacidad económica y así sucesivamente, ¿cómo describirías quién eres realmente?

¿Eres capaz de describirte a ti mismo sin etiquetas, o eres incapaz de ir más allá de sus limitaciones? ¿Puedes definir lo que significa ser el ser humano que eres?

Estas preguntas son una buena envoltura final para lo que he expuesto en este libro. Espero que hayas aprendido que, seas quien seas, puedes estar tan al cargo de tu vida que siempre confíes en tus instintos, que seas como un niño: creativo, capaz de hacer cualquier cosa que tenga sentido para ti, de elevarte como un águila y vivir la vida de tus sueños.

Me gustaría volver a Voltaire por un momento. Fue un hombre capaz de enfrentarse a reyes y reinas, y satirizaba a todo el mundo. El biógrafo de Voltaire dice esto de él, y me llega tanto que es lo que me gustaría que se dijera de mí: "En primer lugar, y por encima de todo, él estaba maravillosamente vivo, y la humanidad, que detesta el aburrimiento todavía más que la ansiedad, se siente eternamente agradecida a quienes hacen que su vida pulse con un latido más rápido e intenso".

Esto tiene una profunda resonancia para mí. Si puedo hacer que tu vida y la mía pulsen un poco más rápido, con un latido más intenso, ese es el propósito de lo que digo, escribo y hago. Ya no me enfoco en motivaciones externas. Me enfoco en lo que hago y en lo que creo, y vivo mi misión; todo lo demás va encajando por sí mismo. *Todo lo demás simplemente va encajando.*

Todo es tan perfecto... Si solo pudiéramos pararnos para darnos cuenta de que es así. Cuando miro los comportamientos derrotistas que hay ahí fuera, creo que el mayor error consiste en buscar el secreto de nuestra felicidad fuera de nosotros mismos. He aprendido que no hay un camino hacia la felicidad. La felicidad misma es el camino.

EJERCICIO DEL DIARIO

Anota en el diario las respuestas a las preguntas que se han propuesto en este capítulo. A continuación, cuando tengas un rato en el que sepas que no te van a interrumpir, vuelve al diario y lee todo lo que has escrito. Desde el punto de vista que tienes ahora, como alguien que ha leído y experimentado este libro, ¿cómo te sientes con respecto a lo que has escrito? ¿Ves que ya has empezado a reencuadrar tu manera de pensar? De no ser así, ¿cómo crees que puedes adquirir el hábito de reencuadrar tus pensamientos?

Por último, anota cualquier pensamiento que te venga sobre cómo podrías trabajar con lo que ya tienes para manifestar una vida de salud, realización, alegría, pasión, crecimiento, serenidad y amor: la vida de tus sueños.

SOBRE EL AUTOR

Llamado afectuosamente por sus fans el "padre de la motivación", el doctor Wayne W. Dyer fue un autor, orador y pionero del campo del autodesarrollo reconocido internacionalmente. A lo largo de las cuatro décadas de su carrera profesional escribió más de 40 libros (21 de los cuales llegaron a ser éxitos de ventas del New York Times), creó numerosos programas de audio y vídeo, y participó en miles de programas de televisión. Sus libros *Manifest Your Destiny, Wisdom of the Ages, There's a Spiritual Solution to Every Problem*, y los éxitos de ventas del New York Times *10 Secrets for Success and Inner Peace, The Power of Intention, Inspiration, Change Your Thoughts—Change Your Life, Excuses Begone!, Wishes Fulfilled*, y *I Can See Clearly Now* fueron presentados en programas especiales de la televisión pública nacional de Estados Unidos.

Wayne tenía un doctorado en terapia educacional de la Wayne State University, fue profesor asociado de St. John's University en Nueva York, y honró su compromiso vitalicio de aprender y encontrar su Yo Superior. En 2015 dejó su cuerpo, retornando a la Fuente Infinita para embarcarse en su próxima aventura.

Página web: www.DrWayneDyer.com

Made in United States
Orlando, FL
05 October 2024

52393228R00136